多波前法的理论研究及实施技术

董晓马　刘　洁　郝晓松　著

黄河水利出版社
·郑州·

图书在版编目(CIP) 数据

多波前法的理论研究及实施技术/董晓马,刘洁,郝晓松著.
郑州:黄河水利出版社,2014.9
ISBN 978-7-5509-0913-7

Ⅰ.①多… Ⅱ.①董… ②刘… ③郝… Ⅲ.①波前集-研究 Ⅳ.①O175.2

中国版本图书馆 CIP 数据核字(2014)第 213922 号

组稿编辑:贾会珍 电话:0371-66028027 E-mail:110885539@qq.com

出 版 社:黄河水利出版社
地址:河南省郑州市顺河路黄委会综合楼 14 层 邮政编码:450003
发行单位:黄河水利出版社
发行部电话:0371-66026940、66020550、66028024、66022620(传真)
E-mail:hhslcbs@126.com
承印单位:河南新华印刷集团有限公司
开本:787 mm×1 092 mm 1/16
印张:6.75
字数:200 千字 印数:1—1 000
版次:2014 年 9 月第 1 版 印次:2014 年 9 月第 1 次印刷

定价:25.00 元

前　言

在科学技术和工程问题中广泛使用的有限单元法的求解，最后总归结为对大型或巨型的稀疏线性方程组的计算。尽管计算机的速度，内存、外存的容量等在不断提高，但随着工程实际问题复杂程度的增加和分析要求的不断提高，计算机性能的提高并不能完全满足大规模计算的需要。因此，研究如何节省存储容量和计算时间的算法是很有必要的。本书主要围绕如何在求解稀疏线性化方程组的过程中节省存储容量和计算时间而对多波前法的理论、方法进行了研究，详细探讨了该法的实施技术。

结合稀疏矩阵的特点，探讨了稀疏线性方程组的求解方法，特别就稀疏矩阵的 Cholesky 分解法进行了深入讨论并给出了其详细算法。对在非并行、向量计算机平台上稀疏对称正定线性方程组的求解方法——多波前法的理论、方法及其特点进行了深入研究。

就多波前法执行过程的消去树，以及如何由稀疏矩阵构造出消去树做了深入探讨。通过对消去树进行后序遍历及对后序遍历做进一步的优化，使得多波前法分解过程中的运算量和对存储空间需求达到几乎最小。

研究了在消去树指导下多波前法进行集成/分解时所用到的矩阵分解法，这种分解法以 Cholesky 分解法为基础，是多波前法的核心。该分解法糅合了 Column-Cholesky 法与 Submatrix-Cholesky 法，与消去树及栈的数据结构相配合，非常适于多波前法。

对稀疏矩阵的存储结构以及对执行多波前法时的内存管理进行了较为深入的分析，对在计算机上实现多波前法时对数据结构的安排及对存储管理的一些优化技术，包括双链表、栈、阵列等进行了研究，这些关键技术的解决为多波前法的实施提供了可靠的保证。

结合具体的算例，给出了多波前法的实施模块，并设计了相应的算法，编制了相应的程序。结果表明，该方法对于稀疏对称正定线性方程组的求解是有效的，该方法可望应用于有限单元法所生成的稀疏线性方程组的快速有效求解中。

本书撰写分工如下：董晓马撰写 14 万字，刘洁撰写 5 万字，郝晓松撰写 1 万字。

由于作者时间和水平有限，书中难免有不妥之处，请广大读者批评指正。

作　者
2014 年 5 月

[illegible]

[illegible]

[illegible]

[illegible]

[illegible]

[illegible]

[illegible]

[illegible]

[illegible]

目　录

第1章　绪　论

随着现代科学技术的发展,人们正在不断建造更为快速的交通工具、更大规模的建筑物、更大功率的发电机组、更大跨度的桥梁和更为精密的机械设备,这一切都要求工程师在设计阶段就能精确地预测出产品和工程的技术性能,需要对结构的静、动力强度以及速度场、流场、电磁场等技术参数进行分析计算。有限元分析方法为解决这些复杂的工程分析计算问题提供了有效的解决途径。

有限单元(简称有限元)法是随着电子计算机技术和数值分析方法的发展而迅速发展起来的一种现代计算方法。它是20世纪50年代首先在连续体力学领域——飞机结构静、动态分析中应用的一种有效的数值分析方法,随后很快广泛地应用于求解热传导、电磁场、流体力学等连续性问题领域。有限单元法的核心思想是结构的离散化,就是将实际结构假想地离散为有限数目的规则单元组合体,实际结构的物理性能可以通过对离散体进行分析,从而得出满足工程精度的近似结果来替代对实际结构的分析,这样就可以解决很多实际工程需要而理论分析又无法解决的复杂问题。近年来,随着计算机技术的普及和计算速度的提高,有限元分析在工程设计和分析中得到了越来越广泛的重视,已经成为解决复杂的工程分析计算问题的有效途径,从自行车到航天飞机,几乎所有的设计制造都已离不开有限元分析计算。

而对有限元问题的计算,归根结底是对有限元分析中产生的大型或巨型的稀疏线性方程组:

$$A\vec{x} = \vec{b}$$

的计算。其中,$n_{eq} \times n_{eq}$的对称正定的系数矩阵A通常称为总体刚度矩阵,$\vec{x}$、$\vec{b}$则分别是待求的位移向量和已知的n维荷载向量。由于工程有限元法问题的复杂性和解题规模迅速增加,线性方程组的未知量数目常常达到10^4甚至10^6,这给采用分块一维活动列存储方案或波前法的传统直接求解器带来了巨大的困难,主要反映在求解时间和总体刚度矩阵的大小上。

尽管计算机的速度,内存、外存的容量等在不断提高,但随着工程实际问题复杂程度的增加和分析要求的不断提高,计算机性能的提高并不能完全满足大规模计算的需要。因此,研究如何节省存储容量和计算时间的算法是很有必要的。另外,更快更节省存储空间的算法一直是计算科学所追求的目标之一,是计算力学的核心技术之一,也是计算力学和计算数学领域中的一个非常重要的课题(陈璞等,2002)。它的进步将为工程与科学计算带来发展的动力。Fellippa(1999)指出,从实践和研究两方面的意义看,有限元的快速解法一直是计算力学的前沿课题之一。

1.1 关于稀疏线性方程组的求解

求解线性方程组的方法一般来说分为两大类,即直接法和迭代法。直接法通过对方程组直接进行一系列的运算而得到解,而迭代法则通过逐次逼近来解线性方程组,迭代过程一直进行到近似解达到预定的精度为止。本书主要讨论直接法。相对于迭代法而言,直接法的优点是运算步骤一定,运算次数有限,计算量小并可事先估计,因此得到了广泛应用。较常用的直接法有 Gauss 消去法以及 Gauss 消去法的一些变形,如全主元 Gauss 消去法、高斯 - 约当(Gauss-Jordan)消去法等。而在矩阵求解中用到的则是以 Gauss 消去法为基础的一些改进方法,称为矩阵分解法,如 LU 分解法、LDL^T 分解法、Cholesky 分解法等。

但是科学技术和工程问题中需要求解的线性方程组的系数矩阵 A 往往是大型的或巨型的稀疏矩阵,其特点一是阶数很大,二是含有大量的零元。这些特点使得在对相应的稀疏矩阵化线性方程组求解时,不能直接采用通常适用于满矩阵的求解方法,原因是:

(1)由于矩阵阶数太大,若存储整个矩阵,将会占用大量的存储空间,甚至会存不下,因此需要特别的存储方案,即最好仅对非零元进行存储而不存储零元;

(2)若仅存储非零元,则消去过程就只需对非零元进行操作,而用于满矩阵的求解方法则是对所有元素进行操作的,因此必须对原有求解方法作相应的改变;

(3)若直接采用这些用于满矩阵的求解方法,则消去过程中将产生大量填入元,从而使矩阵的稀疏性遭到破坏,这导致的结果是对存储空间需求的急剧增大,因此要设法在消去过程中尽可能保持矩阵的稀疏性。

这些都说明虽然对于线性方程组的求解已经有了标准解法,但对于稀疏矩阵,却因其特殊性,需要作专门的研究。研究稀疏线性化方程组求解方法的直接目的是充分利用和保持矩阵的稀疏性来节省存储容量和计算时间。而存储容量问题、计算时间问题和保证求解过程的数值稳定性问题,是稀疏线性化方程组解法中遇到的三大问题(杨绍祺等,1985)。

对于稀疏线性化方程组的求解研究围绕着上面提到的三大问题一般从以下三方面入手。

首先是对存储方案(也就是对稀疏矩阵的数据结构)的研究。一是研究稀疏矩阵如何在计算机中存储以使存储容量最小;二是研究存储方案如何适应求解算法,如何与之配合以便于算法的实现。在过去40年中,不少有限元软件采用了分块一维活动列存储。最近几年,总体刚度矩阵的存储逐渐变为稀疏存储法,国际上一些著名的有限元分析软件已经将稀疏存储的三角分解作为主要求解方案(陈璞等,2002)。与传统的存储方案比较,稀疏存储法仅需为刚度矩阵及其分解因子的非零元分配存储空间,矩阵的运算都在索引形式下进行,只有非零元才被处理。稀疏存储法要比传统的一维活动列存储更快速,需要更少的内存及磁盘空间。另外,在对稀疏矩阵进行消去的过程中,不可避免地要产生填入元,这样,在消去过程中,存储的数据结构要不断地修改,特别是经常需要插入非零元(填入元)或删除(进行消去时)非零元,因此稀疏矩阵的数据结构必须便于插入和删除。常用的存储方案有线性表、位结构、变带宽存储和双链表(十字链表)等。更新、更先进的有Schreiber(1982)提出的“相对索引存储法”(the relative indexing storage scheme),而北京大学陈璞等(2002)提出的“细胞稀疏索引存储方案”更是有效地提高了求解速度且减少了存储容量。

其次是对选主元策略的研究。该研究包括两个方面的目的:一是为保证求解过程的数值稳定性而进行的选主元策略;二是在求解过程中为保持矩阵的稀疏性而进行的选主元策略。选主元的顺序或者说消元的顺序会极大地影响填入量(所谓填入量,是指消去过程中产生的填入元的个数),若主元顺序选择不当,就会在分解过程中产生大量的填入元,可能使本来很稀疏的矩阵几乎变成满矩阵,这样一来,就使得稀疏矩阵的存储方案成为徒劳,而计算量则与普通的满矩阵消去法相当。因此,稀疏矩阵算法的关键之一是研究如何在消去过程中尽可能地保持矩阵的稀疏性。另外,主元数值大小对解的舍入误差影响较大,为了保证求解过程的数值稳定性,应在剩余矩阵中选主列中绝对值最大的元为主元(这就是列主元法),或者选取剩余矩阵中绝对值较大的元为主元(这就是所谓的全主元法)。一般来说,选列主元对于保证解的精度就足够了。但是,这种数值稳定性的要求与保持稀疏性的要求常常是不相容的,必须在两者之间进行折中。还有,由于保持稀疏性的选主元策略与矩阵元素无关,只与矩阵的稀疏结构相关,因此对一个问题而言仅需进行一次该方面的选主元即可。但保持数值稳定性的选主元策略则依赖于剩余矩阵中元素的数值,也就是说,选主元必须在实际的分解过程中“动态”地进行,即在选定一个主元后,应立即对剩余矩阵进行修改(行列置换),然后才能选择下一个主元。因此,选主元的策略必须兼顾稀疏性和数值稳定性。当然,有限元问题中的稀疏矩阵一般具有对角占优的特点,这样直接把对角元作为主元就可以保证求解过程的数值稳定性。常用的策略有局部填入量最小(Markowitz,1957)、最小自由度法(minimum degree method)(Rose,1972)、修正最小自由度法(modified minimum degree method)(Liu,1985)、多重剖分法(nested dissection scheme)(George,1981;Duff,1989)等,当然,这些方法在刚提出时一般是为了保持矩阵的稀疏性,后来不断改进而兼顾了保持数值的稳定性。

最后是对求解方法本身的研究。众所周知，总体刚度矩阵的三角分解是求解正定稀疏线性方程组中计算量最大的部分，因此该部分是研究如何充分利用矩阵的稀疏性，以减少运算量，从而达到节省运算时间和降低存储容量的目的。实际上，该部分的研究基础是直接法和迭代法，而基础部分的研究早就成熟，现在的研究主要集中在对基本方法组合、并行化等方面。

当然，这三方面的研究并非截然分开的，而是紧密结合在一起，具有密切的联系，甚至从某一方面讲，三者是不能分开考虑的。

1.2 本书的主要研究内容

由于稀疏矩阵的特殊性，原有的线性方程组的标准解法不能直接应用到稀疏线性方程组的求解上，而必须做相应的改变，需要专门的研究。本书研究的目的是充分利用稀疏线性方程组的系数阵的稀疏性，寻求既能节省存储（包括主存和辅存）容量又能快速稳定求解的矩阵求解算法。

在国外，已发表了大量的论文，提出了一些有效的算法和应用程序。Gaustavson et al.(1967)、Lee(1968)提出的编译码方法是20世纪60年代提出的节省计算机存储容量和计算时间的著名设想之一，该方法的核心是研究稀疏线性方程组的结构，建立一系列的指示器，对给定的问题和数据结构，编出解方程组的代码程序；正式求解时，再用一个被称为译码器的程序，将上述代码程序翻译成计算机指令程序。该算法是后来发展的一些算法的基础，但其存在一些严重的缺点，如算法过于复杂、编码时间过长等。Weeks et al.(1973)提出了一种指令流方法，采用比较简单的数据结构，通过研究被求解问题的矩阵方程的结构，形成解方程的计算机指令流。由于求解过程没有循环，因而求解过程十分迅速。但是，由于指令流的长度随方程组的阶数而增加，解高阶的稀疏矩阵问题就需要大容量的计算机；此外，生成指令流的时间较长，而且随方程组阶数的增加而增加；再者，这种指令流又与具体问题密切相关，分析每个具体问题都生成相应的指令流，因而影响解题效率。近几年来，人们把著名的LU分解法推进了一步，采用模拟定序、符合LU分解、数值LU分解等算法，有效地解决了存储容量问题和计算时间问题，是目前比较好的稀疏线性方程组解法之一。

多波前法（multifrontal method）是一种有效的大型稀疏线性方程组的求解方法。多波前法是由Duff et al.(1983)在Irons(1970)的波前法基础上发展起来的。该方法通过一定的优化策略把稀疏矩阵的整个分解过程重新组织成一系列的小的稠密矩阵的分解（Liu，1992），从而达到使数值分解的运算量减少到几乎最小。从概念上看，多波前法主要是对与三角分解相关的运算做了重新组织，它把对一个大型稀疏矩阵的分解任务转化成了一系列的子任务，而每个子任务则只包括对小的多的稠密波前阵的局部分解，通过这一系列的局部分解就可得到相应的分解因子(系数),随后对分解因子进行回代、求解就可以得到原方程组的解。

多波前法是以高斯分解法为基础的直接求解法,其通常是在消去树(elimination tree)的指导下按一定的次序进行集成、消元分解。一般分解过程采用Cholesky分解法进行,但做了一定的改变,这里用到的是糅合了Column-Cholesky法和Submatrix-Cholesky法的一种混合方法。在进行波前阵的集成时用的是与Column-Cholesky法相似的方法,而在对波前阵进行分解消去以得到分解因子阵及形成更新阵时则采用了Submatrix-Cholesky法。Duff(1996)指出在多波前法中,重点是进行先期的以减少运算量为目的的排序。实际上,排序不仅能够减少运算量,从而节省计算时间,还能够节省计算时所需的存储空间。而排序的结果一般用树的形式表达,树的每个节点表示一个波前阵(frontal matrix)的分解,而每条边则表示从子节点向父节点的数据(这里指更新阵update matrix)传递。这样与消去树配合,对于任何节点,只要其所有子节点向其传递数据完毕,则该节点即可进行消元分解,当所有节点的消元(分解)都进行完后,就可进行回代,从而求解,这就是多波前法的基本过程。

多波前法的有效性使其在稀疏线性方程组对应的各类稀疏矩阵(对称的、非对称的、正定的、非正定的等)的求解中都得到了相应应用。但国外对多波前法的研究大都集中在向量机、并行机以及分布式处理系统等环境中,并且对于该方法的描述比较抽象,如会涉及大量的图论、数据结构等方面的概念,同时也没有给出具体的相关算法或者介绍不详,更缺少可以利用的公开的源代码。另外,在国内,我们缺乏进行并行运算的条件,而更需要的是能在非并行机如桌面PC上运行的该方法。这些都说明有必要结合我们的现状而对多波前法进行研究。

本书围绕如何节省存储容量和计算时间而对多波前法的理论、方法及具体实施技术进行了较为深入的研究,而运算环境则限定在桌面PC系统上。本书主要从以下几个方面展开了工作:

(1)讨论了稀疏矩阵的特点以及由此而引起的在稀疏线性方程组求解时遇到的问题,对线性方程组的解法及一般矩阵的分解法进行了综述。

(2)就多波前法的核心部分进行了研究。详细讨论了如何由稀疏矩阵生成相应的消去树,以及多波前法如何在消去树指导下进行集成、分解,并就集成、分解时所用到的矩阵分解法——以Cholesky法为基础,糅合了Column-Cholesky分解法和Submatrix-Cholesky分解法的方法——进行了讨论,并给出了其算法描述。

(3)探讨了多波前法的具体实施技术,并就求解稀疏线性方程组时用到的一些技术——存储策略(数据结构)、选主元策略等进行了讨论。进一步研究了多波前法实施中以消去树为基础对存储进行优化的问题,并对执行多波前法时的内存管理措施进行了讨论。同时,就实施过程中的一些关键问题的算法做了详细研究,给出了具体实现各步功能的算法。

(4)运用所设计的算法,详细给出了用多波前法求解稀疏线性方程组的实际算例,编制了相应的程序,并对程序的执行进行了考证。

第 2 章　有限单元法及其工程应用

2.1　有限单元法简介

2.1.1　有限单元法的产生背景(Felippa et al.,1980; Cheng et al.,1982; Thornton,1993; 王勖成等,1997)

有限单元法是一种能求得许多科学技术和工程问题近似解的数值离散化方法(Thornton,1993)。该法最初是在 20 世纪 50 年代作为处理固体力学问题的方法出现的,它把原来用于一般框架系统结构分析的方法推广用以分析复杂边值问题,现已成为结构分析的一种最有效的工具,并被广泛地应用于许多领域的非结构问题中。

在科学技术领域,对于许多力学问题和物理问题,人们已经得到了它们应遵循的基本方程(常微分方程或偏微分方程)和相应的定解条件(边界条件)。但能用解析方法求出解析解(精确解)的只是少数方程性质比较简单且几何形状相当规则的问题,而对于大多数问题,由于方程的某些特征的非线性性质或由于求解区域的几何形状比较复杂,无法求得其解析解(analytical solution)。虽然这类问题的解析解很少存在,但是这些却又是工程师和科学家必须去解决的问题。对这类问题的求解通常有两种途径。一种是引入简化假设,将方程和几何边界简化为能够处理的形式,从而得到问题在简化状态下的解答。但是这种方法只有在很有限的情况下才是可行的,过多的简化可能导致误差太大或根本不正确的解答。因此,人们多年来寻找和发展了另一种求解途径——保留问题的复杂性而去寻求问题的近似数值解。特别是近 40 年来随着电子计算机的飞速发展和广泛应用,数值分析方法已成为求解科学技术问题的主要工具。

已经发展的数值分析方法可分为两大类。一类以有限差分法为代表,其特点是直接求解基本方程和相应定解条件的近似解。对于一个问题有限差分法求解步骤是:首先将求解区域划分为网格,然后在网格的节点上用差分方程近似微分方程,也就是用有限差分方程式对原基本方程(微分方程)做逐点的估计。当采用较多的节点时,近似解的精度可以得到改进。借助于有限差分法,能够求解某些相当复杂的问题,特别是在求解建立于空间坐标系的流体流动问题时,有限差分法有其独特的优势。因此,在流体力学领域内,它至今仍占支配地位。但在用于求解几何形状复杂不规则的问题时,我们发现有限差分法变得难以运用,因为其精度将降低甚至发生困难。

另一类数值分析方法是首先建立和原问题基本方程及相应定解条件相等效的积分形式,然后建立近似解法。如配点法、最小二乘法、Galerkin 法、力矩法等都属于这一类数值方法，如果原问题的方程具有某些特定的性质，则其等效积分形式可以归结为某个泛函的变分，相应的近似解法实际上是求解泛函的驻值问题，里兹法就属于这一类近似方法。上述不同方法在不同的领域或类型的问题中均得到了成功的应用，但是也只能限于几何形状规则的问题。其根本原因是它们都是在整个求解区域上假设近似函数。因此，对于几何形状复杂的问题，不可能建立合乎要求的近似函数。而有限单元法的出现，是数值分析方法研究领域内重大突破性的进展。

有限单元法的基本思想是将连续的求解区域离散为一组有限个且按一定方式相互连接在一起的单元的组合体，有限单元法不像有限差分法假想求解区域由一系列网格组成，而是假想求解区域由许多小且互相连接的单元或子区域所组成。由于单元能按不同的连接方式进行组合，且单元本身又可以有不同形状，因此可以模型化几何形状复杂的求解域。有限单元法作为数值分析方法的另一个很重要的特点是利用在每一个单元内假设的近似函数来分片地表示全求解域上待求的未知场函数（不管它是压力、温度、位移、应力，还是其他量），单元内的近似函数通常由未知场函数或其导数在单元的各个节点的数值和其插值函数来表达。这样一来，一个问题的有限元分析中，未知场函数或其导数在各个节点上的数值就成为新的未知量（也即自由度），从而使一个连续的无限自由度问题变成离散的有限自由度问题，一经求解出这些未知量，就可以通过插值函数计算出各个单元内场函数的近似值，从而得到整个求解域上的近似解。显然，随着单元数目的增加，也即单元尺寸的缩小，或者随着单元自由度的增加及插值函数精度的提高，解的近似精度将不断改进。如果单元是满足收敛要求的，近似解最后将收敛于精确解。

2.1.2 有限单元法的发展历史（王勖成等，1997；Thornton，1993；欣顿等，1982）

虽然 Clough 在 1960 年的论文中首次引用了有限单元法处理平面弹性问题，但有限单元法的概念远早于此时就有了。从应用数学角度来看，有限单元法基本思想的提出可以追溯到 Courant 在 1943 的工作，他第一次尝试应用定义在三角形区域上的分片连续函数和最小位能原理相结合来求解 St. Venant 扭转问题。一些应用数学家、物理学家和工程师由于各种原因都涉足过有限单元的概念，但是直到 1960 年以后，随着电子数值计算机的广泛应用和发展，有限单元法的发展速度才显著加快。

现代有限单元法第一个成功的尝试是将刚架位移法推广应用于弹性力学平面问题，这是 Turner、Clough 等在分析飞机结构时于 1956 年得到的结果。他们第一次给出了用三角形单元求得平面应力问题的正确解答。三角形单元的单元特性是由弹性理论方程来确定的，采用的是直接刚度法。他们的研究工作打开了利用电子计算机求解复杂平面弹性问题的新局面。1960 年 Clough 进一步处理了平面弹性问题，并第一次提出了“有限单元法”的名称，使人们认识了有限单元法的功效。

从确定单元特性和建立求解方程的理论基础与途径来说，正如上面所提到的，Turner、Clough 等开始提出有限单元法时是利用直接刚度法，它来源于结构分析的刚度法，很大程度上是依靠一种物理的解释，即结构被假定为仅在若干离散节点处相连的单元组成。这对我们明确有限单元法的一些物理概念是有很大帮助的，但是它只能处理一些比较简单的实际问题。以后，对于结构力学问题应用虚功原理和能量方法解决，于是该法被归纳出来，其广泛的数学依据也得到认识。

1963～1964 年，Basseling、Melosh 和 Jones 等证明了有限单元法是基于变分原理的里兹(Ritz)法的另一种形式，从而使用里兹法分析的所有理论基础都适用于有限单元法，确认了有限单元法是处理连续介质问题的一种普遍方法。利用变分原理建立有限元方程和经典里兹法的主要区别是，有限单元法假设的近似函数不是在全求解域而是在单元上规定的，而且事先不要求满足任何边界条件，因此它可以用来处理很复杂的连续介质问题。

从 20 世纪 60 年代后期开始，进一步利用加权余量法来确定单元特性和建立有限元求解方程。有限单元法中所利用的主要是伽辽金(Galerkin)法。它可以用于已经知道问题的微分方程和边界条件、但是变分的泛函尚未找到或者根本不存在的情况，因此进一步扩大了有限单元法的应用领域。实际上，这种方法现在已经广泛地被认为是在满足适当边界条件和初始条件下求解偏微分方程组的一般数值方法。

2.2　有限单元法的基本方法和分析问题的基本步骤

有限单元法的另一个优点是可以用多种方法导出单个单元的性质(如刚度矩阵等)，基本上有四种不同的处理方法。第一种方法称为直接法，它来自结构分析中的直接刚度法。虽然该方法只适合较简单的问题，但却很容易通过它理解有限元的基本概念。第二种方法称为变分法，它建立在变分学基础上，而且牵涉到求泛函的极值。对固体力学问题而言，泛函变为位能、互补位能或它们的导数。变分处理法有助于延伸有限单元法至不同的工程问题，扩大了有限单元法的应用范围，其同时能用于处理简单及复杂的单元形状。第三种方法完全建立在数学的基础上，称为加权余量法(加权残值法)，该法是从基本微分方程着手的。此法可应用在没有泛函存在的问题中，因为对于有些问题，其泛函不存在或仍未被发现，从而就没有可供变分处理法所使用的泛函，也就不用能变分处理法来处理。第四种方法建立在系统热能守恒或机械能守恒的基础上。这种能量守恒法如同加权余量法一样不需要变分的描述，因此扩大了有限单元法的应用范围。

对于不同物理性质和数学模型的问题，不管用哪种方法求得单元性质，在用有限单元法求解问题的解时都有大致相同的基本步骤，只是具体公式推导和运算求解不同。

有限元求解问题的基本步骤通常为：

(1)物体离散化。将求解区域分割成单元，有各种不同的单元形状如三角形、矩形等可供选择，而且同一区域可用不同的单元形状。显然，单元越小(网络越细)则离散域的近似程度越好，计算结果也越精确，但计算量及误差都将增大，因此求解域的离散化是有限元法的核心技术之一。

(2)选择插值函数，确定状态变量及控制方法。这一步为指定单元的节点并选择代表单元内场变量变化的插值函数，场变量可以为标量、向量或高阶张量。虽非惯例，但因多项式容易微分和积分，所以常选多项式为插值函数。根据指定的节点数目、节点未知数的数目和特征，以及某些节点和边界必须满足的连续条件，我们就可选定多项式的幂。

(3)单元特性分析(单元推导)。一旦有限单元模型建立(也就是说，一旦单元和插值函数被确定)，我们就该确定单个单元性质所代表的矩阵方程式，这个工作可利用前面提过的四种方法来完成：直接法、变分法、加权余量法及能量守恒法。变分法通常最方便，但使用何种方法完全依问题特性而定，这样就可推导出有限单元的列式，其中包括选择合理的单元坐标系，建立单元试函数，以某种方法给出单元各状态变量的离散关系，从而形成单元矩阵(结构力学中称刚度阵或柔度阵)。

为保证问题求解的收敛性，单元推导有许多原则要遵循。对工程应用而言，重要的是应注意每一种单元的解题性能与约束。例如，单元形状应以规则为好，畸形时不仅精度低，而且有缺秩的危险，将导致无法求解。

(4)集成单元特性以求得系统方程组。为求得整个系统的性质，我们必须把所有单元性质集成起来。简言之，我们必须把代表单个单元行为的矩阵方程组集成，以求得代表整个区域行为的矩阵方程组。除整体矩阵因包含许多的单元从而包括更多的节点外，两者从形式上说是相同的，集成的基础建立在场变量的节点值对共有该节点的诸单元都是相同的，而在求解系统方程组以前须引入边界条件以修改系统方程组。

(5)求解系统方程组。上述步骤产生一组方程式，求解该方程组就可获得未知场变量的节点值(未知量)，一经求得这些未知量，就可以通过插值函数计算出各个单元内场函数的近似值，从而得到整个求解域上的近似解。

(6)若需要则作进一步计算。有时我们需要用系统方程组的解计算重要参数。例如，润滑问题中系统方程组求出的为压力分布，从节点的压力分布，我们可能要计算速度分布或剪力分布等。

简言之，有限元分析可分成三个阶段：前处理、求解和后处理。前处理是建立有限元模型，完成单元网格划分；后处理则是采集处理分析结果，使用户能简便提取信息，了解计算结果。

2.3 有限单元法的应用领域

有限单元法的应用已由弹性力学平面问题扩展到空间问题、板壳问题，由静力平衡问题扩展到稳定问题、动力问题和波动问题，分析的对象从弹性材料扩展到塑性、黏弹性、黏塑性和复合材料等，从固体力学扩展到流体力学、传热学等连续介质力学领域。最近又发展到求解几个交叉学科的问题。例如，当气流流过一个很高的铁塔时产生变形，而塔的变形又反过来影响到气流的流动，这就需要用固体力学和流体动力学的有限元分析结果交叉迭代求解，即所谓流固耦合的问题。并且，有限单元法在工程分析中的作用已从分析和校核扩展到优化、设计并和计算机辅助设计技术(CAD)相结合。

从工程技术、物理学和应用数学方面，按所要解决问题的特性，可以看出有限单元法的三类主要应用领域(王勖成等，1997；Thornton，1993；欣顿等，1982)：

第一类是稳定问题(equilibrium problem)或称为时间无关的问题。多数的应用属于这一类。这种问题的例子包括线弹性系统应力分析、静电学、静磁学、稳态热传导和在多孔介质中的流体流动。对于固体力学的稳定问题，我们想求出的是已知机械或热荷载下的应力应变或温度分布。同样地，对流体力学的稳定问题，我们想求压力、速度、温度或浓度分布。

第二类问题称为固体力学或流体力学的特征值问题(eigenvlaue problem)。特征值问题是稳定问题的推广，在特征值问题中必须确定某些参数的特种值或临界值。这些稳态问题常需要确定固体或流体的自然频率和振动模态。线弹性系统自然频率的确定就是这些问题的例子。另外，土木工程中考虑湖泊和水坝的相互作用时，特征值问题即出现，而在太空工程中当液体燃料在挠性储存槽飞溅时，特征值问题亦出现。另一类的特征值问题包括结构的稳定性以及层流的稳定性问题。

第三类是连续介质力学中与时间有关的问题或传播问题(propagation problem)。该类问题由上述两类问题加上时间所构成。流体动力学和弹性连续体的瞬时动态分析就是这类问题的两个例子。

需要注意的是，在这三类应用领域中，有些问题会包含一些非线性性质，从而使分析复杂化。随着科学技术的发展，线性理论已经远远不能满足设计的要求，许多工程问题如材料的破坏与失效、裂纹扩展等仅靠线性理论根本不能解决，必须进行非线性分析求解，例如薄板成型就要求同时考虑结构的大位移、大应变(几何非线性)和塑性(材料非线性)；而对塑料、橡胶、陶瓷、混凝土及岩土等材料进行分析或需考虑材料的塑性、蠕变效应时则必须考虑材料非线性。众所周知，非线性问题的求解是很复杂的，它不仅涉及很多专门的数学问题，还必须掌握一定的理论知识和求解技巧，学习起来也较为困难。为此，国外一些公司花费了大量的人力和物力开发非线性求解分析软件，如 ADINA、ABAQUS 等适合于求解非线性问题的有限元分析软件，并广泛应用于工程实践。

Thornton(1993)指出，几乎所有的工程问题都是有限单元法的潜在使用者。但该法能解特定问题并不意味它是最有效、最实用的方法，通常解决某一问题有多种方法，每一种方法都有其优点，但没有一种方法对任何问题都是最好的。因此，当设计者或分析者面对一连续介质问题时，首先应决定该使用哪种方法。选择何种方法必须视具体的条件如计算机设备、软件以及所需花费的时间和金钱而定。

随着计算机的普及和计算机软硬件的快速发展，特别是基于有限单元法的大型商业化有限元分析软件如 ABAQUS、ADINA、ANSYS、COSMOS、NASTRAN、MARC 等的推广，有限单元法应用的范围延伸到了几乎所有的工程领域。

2.3.1　土木工程领域

在土木工程领域，其应用包括：

(1)高层与大型建筑的整体分析(动、静力分析)。

(2)桥梁工程中的反应谱分析和非线性时程分析，如图 2.1 所示。

(3)大型水土结构的计算与分析。

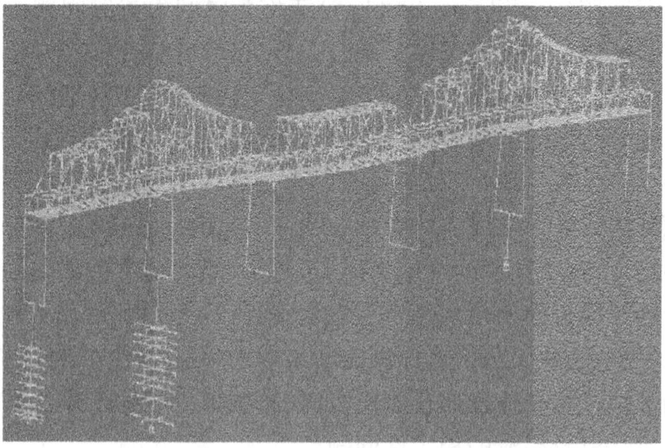

图 2.1　美国加利福尼亚州奥克兰湾大桥非线性抗震事故分析

(4)大跨度空间结构动静力有限元分析,如图 2.2 所示。

(5)高层建筑上部结构和地基的共同作用分析等。

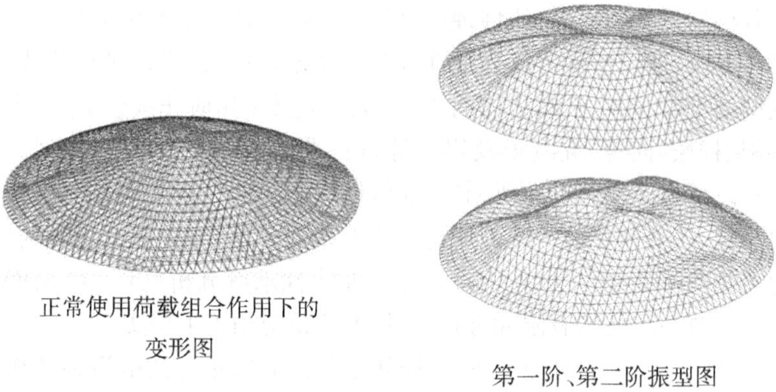

图 2.2　大跨度空间结构动、静力有限元分析

2.3.2　汽车工业领域

在汽车工业领域,其应用包括:

(1)整车结构的静态实验、冲击实验仿真。

(2)发动机系统多场耦合分析。

(3)油泵管道应力和流动分析。

(4)轮胎横径向刚度、防滑等力学分析。

(5)汽车风阻系数的计算等,如图 2.3 所示。

2.3.3　航空航天领域

在航空航天领域,其应用包括:

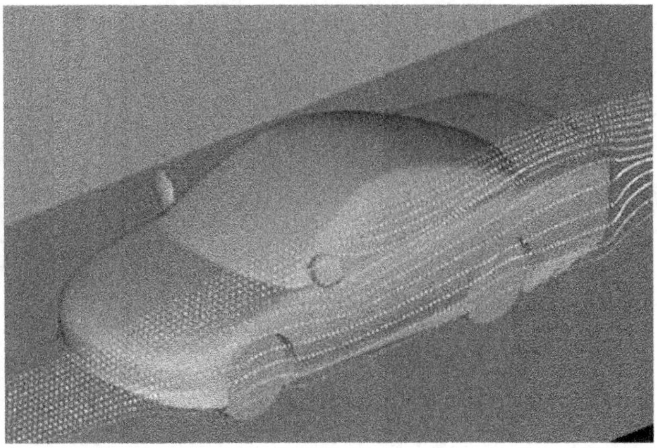

图 2.3　汽车外流场分布

(1)部件刚度、强度分析。

(2)部件、整体结构的航空航天力学环境预测。

(3)纤维增强复合板的大变形、屈曲失稳分析。

(4)火箭发射(同时考虑高马赫数流动和流固耦合)。

(5)低速、跨音速、超音速流动分析等,如图 2.4 所示。

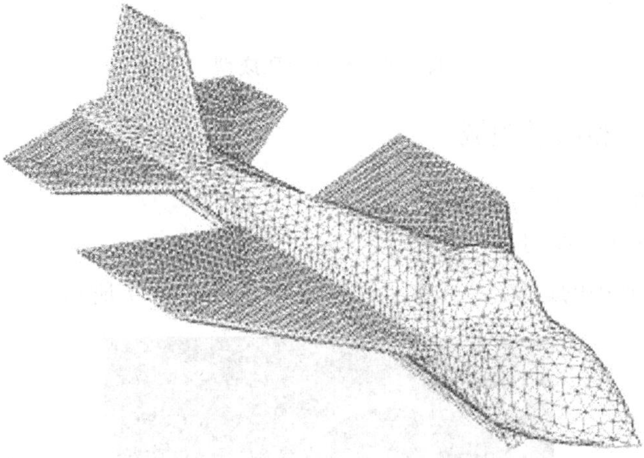

图 2.4　侦察机空气动力学分析

2.3.4　材料加工领域

在材料加工领域,其应用包括:

(1)复合材料加工。

(2)金属切割、切削过程仿真。

(3)薄板拉延成型。

(4)金属轧制,如图 2.5 所示。

图 2.5　钢板精轧机热轧制有限元分析

(5)金属和塑胶材料的液压成型等,如图 2.6 所示。

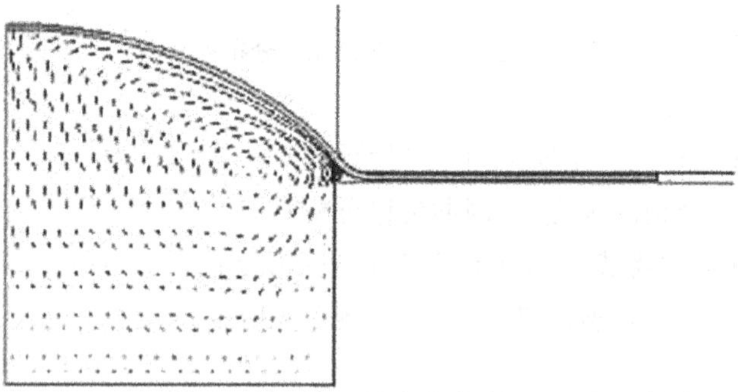

图 2.6　金属液压成型

2.3.5　生物力学和医学领域

在生物力学和医学领域,其应用包括:

(1)假肢、假牙等力学设计。

(2)细胞在血管中的运动、结石排石过程的仿真,如图 2.7 所示。

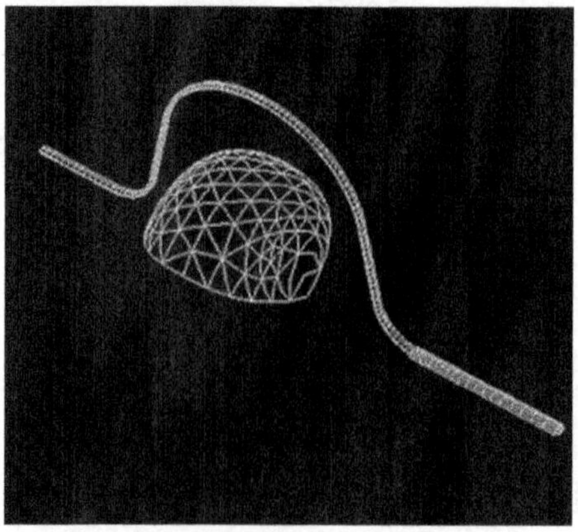

图 2.7　肾结石排石过程模拟

(3)骨骼受力变形分析等,如图 2.8 所示。

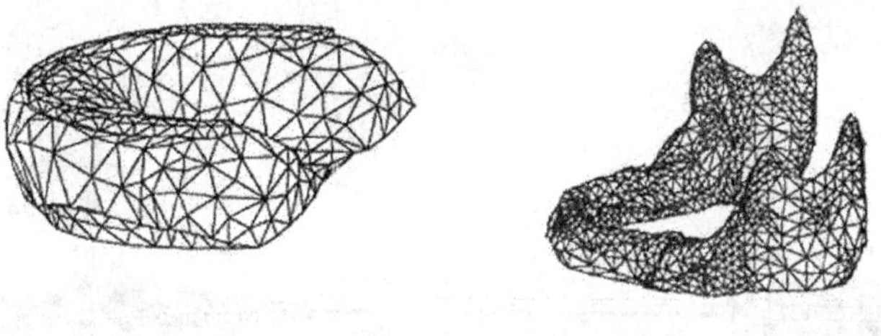

图 2.8　上、下颌骨的有限元模型

总之，有限元分析在工程设计和分析中得到了越来越广泛的重视，已经成为解决复杂的工程分析计算问题的有效途径。

2.4　存在的主要矛盾和问题

一方面，随着有限单元法的日趋成熟，计算分析软件的不断完善，人们所建立的有限元模型越来越精细，如为研究香港青马大桥的动力破坏问题而建立的有限元模型（李兆霞，2002）。青马大桥是双层箱形悬索桥，如图 2.9 所示。该桥包括大约 2 万个构件，如纵向梁、横梁、桥板、塔架主缆及吊杆等。在所建的有限元模型中，纵向梁如上下弦梁、立柱及斜撑等用三维 2 节点等参单元模拟。所采用的梁单元中考虑了弯曲、扭转及拉压效应。构件截面特性也考虑在所造的单元中，如上下弦梁是箱形截面，选用具有箱形截面的空间梁单元来模拟。立柱即斜撑的锻造截面是 H 形的，相应地就用三维工字梁来代替。主缆及吊杆用圆截面的梁单元来模拟。路面及其支撑板体用 4 节点空间壳单元来代替。青衣及马湾塔是高强度预应力混凝土结构，在一般交通载荷下的变形很小，这里用刚体单元来模拟。另外，还采用了一些特殊单元如铰单元来模拟桥体中的铰接点。该模型考虑了构件的具体截面特性，并反映了原结构的空间构形，因此可以用于分析结构中的动态应力分布，进而研究桥梁的疲劳损伤问题（李兆霞，2002）。这种精细的模型越来越接近于真实的情况，所模拟的结果也就越来越准确。如上述青马大桥的例子，其所建立的有限元模型在火车载荷下动力响应的计算值与测量值的结果吻合良好，可以用该模型精确地计算桥体车载作用下的应力分布情况（李兆霞，2002）。另一方面，设计人员则希望设计过程越简单越好，计算速度越快越好。这样就存在着一种矛盾。

如何解决以上矛盾，最根本的问题是研究如何节省存储容量和计算时间的算法。而有限单元法的求解归根结底是对稀疏线性化方程组：

$$A\vec{x} = \vec{b}$$

的求解，其中矩阵 A 是稀疏矩阵。这样，对有限元求解的研究就转变成了对稀疏线性方程组求解的研究。在下一章我们将详细讨论稀疏线性方程组的求解。

图 2.9 香港青马大桥

2.5 本章小结

本章简要介绍了有限单元法产生的背景及发展历史,并介绍了用有限单元法分析问题时的基本步骤,讨论了有限单元法在各领域中的应用,最后从有限单元法在工程应用中的矛盾,引出了有限单元法求解时所引起的问题。

第 3 章　稀疏矩阵特征及稀疏线性方程组的求解方法

在上一章,我们讨论了许多科学技术和工程问题的求解最终都归结于求解线性代数方程组:

$$A\vec{x} = \vec{b}$$

其中,A 是 $n \times n$ 非奇异方阵,$\vec{x}$、$\vec{b}$ 是 n 维向量。矩阵 A 也称为稀疏矩阵,那么何谓稀疏矩阵,对稀疏矩阵化线性方程组的求解有何特殊要求,我们将在本章予以讨论。

3.1　稀疏矩阵的界定及其特点

3.1.1　稀疏矩阵的界定

杨绍祺等(1985)对稀疏矩阵的表述是,若矩阵 A 的零元素占优势(比如占 80% 以上),则可称 A 为稀疏矩阵。而 CSEP(1995)的定义是,若矩阵中所含的零元素足够多以至于可以利用其来节省求解线性方程组时所需的存储空间及工作量,则这样的矩阵可称为稀疏矩阵。严蔚敏等(1997)则给出了具体的数量描述:假设 $m \times n$ 的矩阵中,有 t 个元素不为零,令 $\delta = \frac{t}{m \times n}$,称 δ 为矩阵的稀疏因子,通常认为 $\delta \leqslant 0.05$ 时称为稀疏矩阵。由以上这些定义,我们可以看到,对于稀疏矩阵,一般来说,其含有大量零元,非零元个数比零元个数要少得多。而求解这类稀疏线性方程组的最理想情况是,我们只对其中的非零元进行存储及相应的操作,从而减少其所需的存储空间及计算量以至于减少计算时间。但这是很难达到的,主要有以下几个原因:

一是稀疏数据结构要比稠密矩阵(dense matrix)有更大的开销以用于存储对非零元的索引,这要比用于满阵的简单的阵列要大且复杂得多;

二是对这种存储模式下的最根本操作通常不能快速进行,因为对非零元不能直接进行相应操作;

三是若对存储数据结构设计不当,可能会产生大量的填充元,从而使该设想完全失效。

3.1.2　稀疏矩阵的特点

稀疏矩阵的特点一是其阶数一般很大,二是其中含有大量的非零元。这些特点使得在对相应的稀疏矩阵方程组求解时，不能直接采用通常适用于满矩阵的高斯消去或LU分解。因为：

（1）由于矩阵阶数太大，若存储整个矩阵，将会占用大量的存储空间，甚至会存不下，因此需要特别的存储方案，即最好仅对非零元进行存储而不存储零元。

（2）若直接采用这些用于满矩阵的求解方法，则消去过程中将产生大量填入元，从而使矩阵的稀疏性遭到破坏，这导致的结果是对存储空间需求的急剧增大，因此要设法在消去过程中尽可能保持矩阵的稀疏性。

（3）若仅存储非零元，则消去过程就需只对非零元进行操作，而用于满矩阵的求解方法则是对所有元素进行操作的，因此必须对原有求解方法作相应的改变。

这些都说明虽然线性方程组已有标准解法，但对于稀疏矩阵，却因其特殊性，需要作专门研究。研究稀疏线性方程组求解方法的直接目的是，充分利用矩阵的稀疏性来节省存储容量和计算时间。

大家知道，用经典的高斯消去法解 n 阶的线性方程组，需要的计算机存储空间与 n^2 成正比，而乘除法运算是大致与 $n^3/3$ 成正比。可以推算，随矩阵阶数的增长，存储空间及计算时间的增加都是惊人的，而实际问题的矩阵阶数都比较高，几百阶、上千阶甚至几十万阶的都有。

显然，单靠提高计算机的运算速度和增加计算机的存储容量来解决这类问题是极为困难的，上述方法对计算机存储容量的要求以 n^2 的速度增加，对机器速度的要求则以 n^3 的速度增加，而计算机工业著名的摩尔定律预测了计算速度与存储容量只是以倍数的速度向上增长，因此是难以满足这类要求的。

因此，研究如何节省存储容量和计算时间的算法很有必要，而在许多稀疏矩阵中，无论矩阵的阶数有多大，其每行每列只有几个非零元，所以非零元个数与矩阵阶数成正比，若仅存储非零元，仅对非零元进行运算，那么，存储容量与计算时间都将与矩阵的阶数成正比。因此，为了节省存储容量与计算时间而保持矩阵的稀疏性，是稀疏矩阵计算方法的重要研究课题之一（杨绍祺等，1985）。

3.2 代数方程组的解法

设线性方程组：

$$\begin{cases} a_{11}x_1 + a_{12}x_2 + \cdots + a_{1n}x_n = b_1 \\ a_{21}x_1 + a_{22}x_2 + \cdots + a_{2n}x_n = b_2 \\ \qquad \vdots \\ a_{n1}x_1 + a_{n2}x_2 + \cdots + a_{nn}x_n = b_n \end{cases} \tag{3.1}$$

其中，a_{ij}（$i, j=1, 2, \cdots, n$）为方程组系数；x_j（$j = 1, 2, \cdots, n$）为未知量；b_i（$i = 1, 2, \cdots, n$）为方程组右端项。用矩阵系数表示为：

$$A\vec{x} = \vec{b} \tag{3.2}$$

其中：

$$A = \begin{bmatrix} a_{11} & a_{12} & \cdots & a_{1n} \\ a_{21} & a_{22} & \cdots & a_{2n} \\ \vdots & \vdots & & \vdots \\ a_{n1} & a_{n2} & \cdots & a_{nn} \end{bmatrix}, \quad \vec{b} = \begin{pmatrix} b_1 \\ b_2 \\ \vdots \\ b_n \end{pmatrix}, \quad \vec{x} = \begin{pmatrix} x_1 \\ x_2 \\ \vdots \\ x_n \end{pmatrix}$$

分别称为方程组(3.1)的系数矩阵、右端向量和未知向量(或称解向量)。

线性方程组的解法一般分为两大类:直接法和迭代法。

直接法通过对方程组直接进行一系列运算而得到解。其运算步骤一定,运算次数有限,解的精度取决于矩阵的性质、具体算法及所用计算机的字长。目前较实用的直接法是高斯(Gauss)消去法的一些变形如全主元 Gauss 消去法、高斯 - 约当(Gauss-Jordan)消去法等(袁慰平等,1992)。

迭代法是对任意给定初始近似解向量,按照某种方法逐步生成近似解,直到近似解达到预定的精度为止。迭代法主要有 Jacobi 迭代法、Gauss-Seidal 迭代法、松弛法等。

直接法的优点是计算量小,并可事先估计。缺点是在求解稀疏线性方程组时,若不用特殊的计算方法和程序技巧,将会产生大量的填充元(fill-in),从而需要大量的存储容量及相当长的计算时间,因此其编程比较复杂。但若能充分利用和保持矩阵的稀疏性,则所需存储容量和计算时间要比迭代法少,且更可靠(杨绍祺等,1985)。迭代法的优点是原始系数矩阵始终不变,从而能保持矩阵的稀疏性,因而算法简单,编写程序较方便,且所需存储单元较小。缺点是存在收敛性和收敛速度的问题,即迭代收敛的次数不确定并且迭代收敛往往很慢,甚至不收敛,只能对具有某些性质的方程组才适用。

本节将简单介绍以下几种常用的方法,并进行比较。

3.2.1　直接法

3.2.1.1　**高斯消去法**

高斯消去法包括两大过程,即向前消去过程和回代过程。在向前消去过程中,依次留下要保留的方程,逐个地消去其余方程中的未知数,直到最后一个方程中只剩下未知数 x_n 为止,从而使系数矩阵化为三角形矩阵。然后执行回代过程,即从最后一个方程中解出 x_n,然后将 x_n 代入第 $n-1$ 个方程求出 x_{n-1},如此重复,直到求出 x_1。

高斯消去法是多数直接法的基础。下面详述该方法。

为叙述方便,将方程组(3.1)记为:

$$\begin{cases} a_{11}^{(1)}x_1 + a_{12}^{(1)}x_2 + \cdots + a_{1n}^{(1)}x_n = b_1^{(1)} \\ a_{21}^{(1)}x_1 + a_{22}^{(1)}x_2 + \cdots + a_{2n}^{(1)}x_n = b_2^{(1)} \\ \qquad\qquad\vdots \\ a_{n1}^{(1)}x_1 + a_{n2}^{(1)}x_2 + \cdots + a_{nn}^{(1)}x_n = b_n^{(1)} \end{cases} \tag{3.3}$$

$$A^{(1)} = [a_{ij}^{(1)}] = [a_{ij}] = A$$

即 $A^{(1)}\vec{x} = \vec{b}^{(1)}$,其中:

$$\vec{b}^{(1)} = \begin{pmatrix} b_1^{(1)} \\ b_2^{(1)} \\ \vdots \\ b_n^{(1)} \end{pmatrix} = \begin{pmatrix} b_1 \\ b_2 \\ \vdots \\ b_n \end{pmatrix} = \vec{b}$$

第一步,设 $a_{11}^{(1)} \neq 0$,利用 $a_{11}^{(1)}$ 消去式(3.3)中除第1个方程外其余各方程的 x_1,即将第1个方程乘以 $-l_{i1}$,其中:

$$l_{i1} = \frac{a_{i1}^{(1)}}{a_{11}} \qquad (i = 2,3,\cdots,n)$$

然后加到第 i 个方程上去($i=2,3,\cdots,n$),得式(3.3)的等价方程组:

$$\begin{bmatrix} a_{11}^{(1)} & a_{12}^{(1)} & \cdots & a_{1n}^{(1)} \\ 0 & a_{22}^{(2)} & \cdots & a_{2n}^{(2)} \\ 0 & a_{32}^{(2)} & \cdots & a_{3n}^{(2)} \\ \vdots & \vdots & & \vdots \\ 0 & a_{n2}^{(2)} & \cdots & a_{nn}^{(2)} \end{bmatrix} \begin{pmatrix} x_1 \\ x_2 \\ x_3 \\ \vdots \\ x_n \end{pmatrix} = \begin{pmatrix} b_1^{(1)} \\ b_2^{(2)} \\ b_3^{(2)} \\ \vdots \\ b_n^{(2)} \end{pmatrix} \tag{3.4}$$

简记为:$A^{(2)}\vec{x} = \vec{b}^{(2)}$,其中:

$$a_{ij}^{(2)} = a_{ij}^{(1)} - l_{i1}a_{1j}^{(1)} \qquad (i,j = 2,3,\cdots,n)$$

$$b_i^{(2)} = b_i^{(1)} - l_{i1}b_1^{(1)} \qquad (i = 2,3,\cdots,n)$$

第二步,设 $a_{22}^{(2)} \neq 0$,采用与第一步相似的方法,利用 $a_{22}^{(2)}$ 消去式(3.4)中第3至第 n 个方程中的 x_2,即将第二个方程乘以 $-l_{i2}$,其中:

$$l_{i2} = \frac{a_{i2}^{(2)}}{a_{22}} \qquad (i = 3,4,\cdots,n)$$

然后加到第 i 个方程上去($i=3,4,\cdots,n$),得式(3.3)的等价方程组:

$$\begin{bmatrix} a_{11}^{(1)} & a_{12}^{(1)} & a_{13}^{(1)} & \cdots & a_{1n}^{(1)} \\ 0 & a_{22}^{(2)} & a_{23}^{(2)} & \cdots & a_{2n}^{(2)} \\ 0 & 0 & a_{33}^{(3)} & \cdots & a_{3n}^{(3)} \\ \vdots & \vdots & \vdots & & \vdots \\ 0 & 0 & a_{n3}^{(3)} & \cdots & a_{nn}^{(3)} \end{bmatrix} \begin{pmatrix} x_1 \\ x_2 \\ x_3 \\ \vdots \\ x_n \end{pmatrix} = \begin{pmatrix} b_1^{(1)} \\ b_2^{(2)} \\ b_3^{(3)} \\ \vdots \\ b_n^{(3)} \end{pmatrix}$$

简记为：$A^{(3)}\vec{x}=\vec{b}^{(3)}$，其中：

$$a_{ij}^{(3)} = a_{ij}^{(2)} - l_{i2}a_{2j}^{(2)} \qquad (i,j = 3,4,\cdots,n)$$

$$b_{i}^{(3)} = b_{i}^{(2)} - l_{i2}b_{2}^{(2)} \qquad (i = 3,4,\cdots,n)$$

按上述做法直至第 $n-1$ 步做完，得到式(3.3)的等价方程组为：

$$A^{(n)}\vec{x} = \vec{b}^{(n)}$$

即：

$$\begin{bmatrix} a_{11}^{(1)} & a_{12}^{(1)} & a_{13}^{(1)} & \cdots & a_{1n}^{(1)} \\ 0 & a_{22}^{(2)} & a_{23}^{(2)} & \cdots & a_{2n}^{(2)} \\ 0 & 0 & a_{33}^{(3)} & \cdots & a_{3n}^{(3)} \\ \vdots & \vdots & \vdots & & \vdots \\ 0 & 0 & 0 & \cdots & a_{nn}^{(n)} \end{bmatrix} \begin{pmatrix} x_1 \\ x_2 \\ x_3 \\ \vdots \\ x_n \end{pmatrix} = \begin{pmatrix} b_1^{(1)} \\ b_2^{(2)} \\ b_3^{(3)} \\ \vdots \\ b_n^{(n)} \end{pmatrix} \tag{3.5}$$

则整个方程组化为了上三角形式。

至此，高斯向前消去过程已经完成。

接着就是回代过程，对于式(3.5)，首先由

$$x_n = \frac{b_n^{(n)}}{a_{nn}^{(n)}}$$

求得 x_n，然后依次回代可得：

$$x_k = \left(b_k^{(k)} - \sum_{j=k+1}^{n} a_{kj}^{(k)}x_j\right)\Big/ a_{kk}^{(k)} \qquad (k = n-1, n-2, \cdots, 1)$$

对 n 阶方程组，高斯向前消去过程经过 $n-1$ 步，把原方程组变为上三角形式，而后在回代过程中，从第 n 个方程开始，依次回代而得到所有未知数的值。向前消去过程的乘除运算量大约为 $n^3/3$。回代过程中乘除法运算量约为 $n^2/2$，所以高斯消去法的乘除运算量大约与 $n^3/3$ 成正比。

3.2.1.2　全主元高斯消去法

前面已指出，高斯消去法必须在各个主元 $a_{kk}^{(k)} \neq 0(k=1,2,\cdots,n)$ 的情况下才能进行。但即使 $a_{kk}^{(k)} \neq 0$，当 $|a_{kk}^{(k)}|$ 很小时，也是不能作主元的，因为作第 n 次消元时，需将第 k 个方程乘以 $-l_{ik}$，而

$$l_{ik} = \frac{a_{ik}^{(k)}}{a_{kk}} \qquad (i = k+1, k+2, \cdots, n)$$

因此当 $|a_{kk}^{(k)}|$ 很小时，$|l_{ik}|$ 会很大，将导致其他元素数量级的迅速增长和舍入误差增大，最后使得计算结果失真。但是若采用对换方程组中方程的次序来改动变量次序，使主元绝对值大于其他元素的绝对值后，再使用高斯消去法可以避免负舍入误差的扩散，这种方

法称为选主元的高斯消去法。它主要有列主元消去法、行主元消去法和全主元消去法。从计算精度上看,列主元消去法和行主元消去法的效果差不多,而全主元消去法的效果一般比前两者的好,这是因为在消去法的每一步,列(或行)主元消去法是在所余矩阵中选本列(或行)绝对值最大的元素为主元,而全主元消去法则是从整个剩余矩阵中选绝对值最大的元素为主元的。

与高斯消去法一样,全主元消去法可分为向前消去过程和回代过程,每个过程又分为 n 步。设用高斯消去法已进行到第 k 步。

首先选主元,即求 $|a_{ij}^{(k)}|$ $(i,j=k,k+1,\cdots,n)$ 的最大者,设

$$\max|a_{ij}^{(k)}| = |a_{rp}^{(k)}|$$

然后互换矩阵的第 k 行与第 r 行、第 k 列与第 p 列的元素。注意:一是右端向量也要作相应的交换;二是以交换后的所在行列为该元素的足码,如 $a_{rp}^{(k)}$ 经交换后处于主元的位置,则将其记为主元 $a_{kk}^{(k)}$,之后按高斯消去法进行消元。

每一步都按上述方法选主元后再进行消元,原方程组最后仍化为式(3.5)的形式,再做回代求解即得所求。

这种消去法的乘除运算量和高斯消去法一样,但它需要选主元,所以运算时间略长。由于该方法保证了舍入误差不会扩散,因此有较好的数值稳定性。

3.2.2 迭代法

3.2.2.1 Gauss-Seidel 迭代法

根据未知向量 $\vec{x}$ 的初值 $\vec{x}^{(0)}$,依次用每个方程计算 $\vec{x}^{(1)}$ 的各个分量,当 $x_i^{(1)}$ 算出来后,立即代替 $x_i^{(0)}$ 参加运算;$\vec{x}^{(1)}$ 的各分量得到后,再以 $\vec{x}^{(1)}$ 代替 $\vec{x}^{(0)}$ 计算 $\vec{x}^{(2)}$。如此重复下去,便可得到一个向量序列 $\{\vec{x}^{(i)}\}$。若向量序列 $\{\vec{x}^{(i)}\}$ 收敛,那么,它的极限就是原方程组的解。

对于式(3.1),其 Gauss-Seidel 迭代公式是:

$$\begin{cases} x_1^{(k+1)} = \dfrac{1}{a_{11}}(b_1 - a_{12}x_2^{(k)} - a_{13}x_3^{(k)} - \cdots - a_{1n}x_n^{(k)}) \\ x_2^{(k+1)} = \dfrac{1}{a_{22}}(b_2 - a_{21}x_1^{(k+1)} - a_{23}x_3^{(k)} - \cdots - a_{2n}x_n^{(k)}) \\ \vdots \\ x_i^{(k+1)} = \dfrac{1}{a_{ii}}(b_i - a_{i1}x_1^{(k+1)} - \cdots - a_{ii-1}x_{i-1}^{(k+1)} - a_{ii+1}x_{i+1}^{(k)} - \cdots - a_{in}x_n^{(k)}) \\ \vdots \\ x_n^{(k+1)} = \dfrac{1}{a_{nn}}(b_n - a_{n1}x_1^{(k+1)} - a_{n2}x_2^{(k+1)} - \cdots - a_{nn-1}x_{n-1}^{(k+1)}) \end{cases} \tag{3.6}$$

写成矩阵形式,则为:

$$\vec{x}^{(k+1)} = (D+L)^{-1}(\vec{b} - U\vec{x}^{(k)})$$

令 $G = -(D+L)^{-1}U, \vec{g} = (D+L)^{-1}\vec{b}$，则有：

$$\vec{x}^{(k+1)} = G\vec{x}^{(k)} + \vec{g} \tag{3.7}$$

这就是 Gauss-Seidel 迭代法的矩阵表达式，G 称为 Gauss-Seidel 迭矩阵。A 为原线性方程组的系数矩阵，$A = L + D + U$，其中：

$$L = \begin{bmatrix} 0 & 0 & 0 & \cdots & 0 \\ a_{21} & 0 & 0 & \cdots & 0 \\ a_{31} & a_{32} & 0 & \cdots & 0 \\ \vdots & \vdots & \vdots & & 0 \\ a_{n1} & a_{n2} & a_{n3} & \cdots & 0 \end{bmatrix}$$

$$D = \begin{bmatrix} a_{11} & 0 & 0 & \cdots & 0 \\ 0 & a_{22} & 0 & \cdots & 0 \\ 0 & 0 & a_{33} & \cdots & 0 \\ \vdots & \vdots & \vdots & & 0 \\ 0 & 0 & 0 & \cdots & a_{nn} \end{bmatrix}$$

$$U = \begin{bmatrix} 0 & a_{12} & a_{13} & \cdots & a_{1n-1} & a_{1n} \\ 0 & 0 & a_{23} & \cdots & a_{2n-1} & a_{2n} \\ 0 & 0 & 0 & \cdots & a_{3n-1} & a_{3n} \\ \vdots & \vdots & \vdots & & \vdots & \vdots \\ 0 & 0 & 0 & \cdots & 0 & a_{n-1n} \\ 0 & 0 & 0 & \cdots & 0 & 0 \end{bmatrix}$$

3.2.2.2　松弛法

在 Gauss-Seidel 迭代中，$\vec{x}^{(k)}$ 并不是原方程组的精确解，即剩余向量：

$$\vec{R}^{(k)} = A\vec{x}^{(k)} - \vec{b}$$

并非零向量。松弛法的思想是根据 $\vec{R}^{(k)}$ 的向量值来修正 $\vec{x}^{(k)}$ 的分量，使 $\vec{R}^{(k+1)}$ 更接近 0。对于方程组(3.1)，$\vec{R}^{(k)}$ 可以定义为：

$$\begin{cases} R_1^{(k)} = x_1^{(k)} + (a_{12}x_2^{(k)} + a_{13}x_3^{(k)} + \cdots + a_{1n}x_n^{(k)} - b_1)/a_{11} \\ R_2^{(k)} = x_2^{(k)} + (a_{21}x_1^{(k)} + a_{23}x_3^{(k)} + \cdots + a_{2n}x_n^{(k)} - b_2)/a_{22} \\ \quad\vdots \\ R_i^{(k)} = x_i^{(k)} + (a_{i1}x_1^{(k)} + a_{i2}x_2^{(k)} + \cdots + a_{ii-1}x_{i-1}^{(k)} + a_{ii+1}x_{i+1}^{(k)} + \cdots + a_{in}x_n^{(k)} - b_i)/a_{ii} \\ \quad\vdots \\ R_n^{(k)} = x_n^{(k)} + (a_{n1}x_1^{(k)} + a_{n2}x_2^{(k)} + \cdots + a_{nn-1}x_{n-1}^{(k)} - b_n)/a_{nn} \end{cases} \tag{3.8}$$

其中，$x_i^{(k)}$ 是 x_i 的第 k 次近似。

松弛法的思想就是根据 $R_i^{(k)}$ 来估算 $x_i^{(k+1)}$，使得 $R_i^{(k+1)}$ 为 0。为此，选取$\vec{R}^{(k)}$的绝对值最大的分量为 $R_i^{(k)}$，令：

$$x_i^{(k+1)} = x_i^{(k)} - R_i^{(k)} \tag{3.9}$$

以 $x_i^{(k+1)}$ 代替 $x_i^{(k)}$ 代入式(3.8)，求得$\vec{R}^{(k+1)}$，则 $R_i^{(k+1)}$ 为 0，但$\vec{R}^{(k+1)}$的其他分量不一定为 0，再用$\vec{R}^{(k+1)}$估算 $\vec{x}$ 的新的近似向量。重复该过程，直到满足预定的精度要求为止。

松弛法与 Gauss-Seidel 迭代法的主要差别是，前者的修改次序不能事先确定，而后者的修改次序是固定不变的。这是因为在松弛法中，每一步结束后，下一步的修改是依赖于这一步的剩余向量的各分量的数值，而 Gauss-Seidel 迭代是按自然次序进行的。

3.2.2.3　加速收敛的策略

直接用迭代法求解往往很慢，人们提出了很多加速收敛的方法。最简单的加速收敛方法是在迭代过程中，对每个未知数的近似值做线性外推。这种线性加速法可以表示为：

$$\bar{x}_i^{(m+1)} = x_i^{(m)} + \alpha(x_i^{(m+1)} - x_i^{(m)})$$

式中，$x_i^{(m+1)}$ 是 x_i 的修正前的第 $m+1$ 次近似值；$\bar{x}_i^{(m+1)}$ 是 x_i 的修正后的第 $m+1$ 次近似值；α 又称为加速收敛因子(简称加速因子)。

在多数问题中，对所有的 x_i 和整个迭代过程，α 保持不变。通常 $\alpha \in (1,2)$。

加速因子 α 的最优值依赖于方程组的性质，一般来说不易确定，因此常常用经验常数。如果能求得最优的 α，迭代次数可能减少到原来的1/2，甚至比原来的1/50还小。需要注意，在迭代刚开始，相邻两次近似值之差较大时，加速因子不能太大，否则会引起迭代发散(杨绍祺等，1985)。

对特定的问题，求最优加速因子 α 的最适用的方法是尝试法，就是在给定精度下，将迭代收敛次数看成是 α 的函数，通过试算给出相应的函数曲线，即可找出 α 的最优值。

迭代法适合于解高阶非病态稀疏矩阵线性代数方程组，因为它只需要存储系数矩阵中的非零元，很省存储空间，而且容易编写计算程序。但是迭代法不适合分解病态问题，精度不高，收敛速度依赖加速因子的选取，有时还会不收敛，并且所需要的乘除运算量比较大。直接法的运算步骤一是运算次数有限，解的精度高，可以通过利用和保持系数矩阵的稀疏性来降低存储容量和缩短计算时间，所以它也能解高阶稀疏矩阵问题。但是，为了利用和保持系数矩阵的稀疏性，必须使用特殊的计算方法和高级程序设计技术。

Duff(2000)指出，就目前的情况来看，毫无疑问，直接稀疏矩阵求解法及以此为基础的代码正值“当年”(come of age)。但对求解越来越大型问题的需求似乎是无止尽的，比如，来自于美国的“加速战略计算创新”计划(the ASCI program)中的一些问题规模达到了数百万维；而动物育种家们正在求解的问题规模则达到了 2 000 万 ~3 000 万自由度。能由直接法求解的问题规模对矩阵本身结构的依赖性很强。例如对于对角或三对角线性方程系统(diagonal or tridiagonal system)，只要填充量保持在低水平，阶数增加并不会引起麻烦，通常通过稀疏直接分解法就能求解非常大规模的该类问题。但对于三维偏微分方程(partial differential equations，简称 PDE)的离散化问题直接解法的局限性就暴露无遗

(Duff,2000)。尽管 Amestoy(1999)的软件包 MUMPS 已经求解了来自于节点近 100 万的有限元离散问题,但按 Duff(2000)的观点,对于求解真正的大问题最有前途的方法是整合了直接法与迭代法的方法。直接法可视作迭代法的复杂的预处理部分,这些在 Saad & van der Vorst(2000)的论文里作了大篇幅的讨论。一个最有前途的方法是:先用图去分块细化问题,然后用直接法求解局部各个子问题,最后用迭代法把各分块连接起来,从而求得解(Duff,2000)。

3.3　矩阵直接分解法

前面曾说明,采取特殊措施后,可以利用高斯消去法解大型稀疏线性代数方程组。矩阵分解法就是一些以高斯消去法为基础的改进方法,它们以乘积形式或便于求逆的形式来表示系数矩阵。矩阵分解法有利于利用矩阵的稀疏性,能大幅度地降低存储容量,因此这种方法适于解大型稀疏矩阵问题。

有许多矩阵分解法和改进的矩阵分解法,主要是三角分解法及其一些变形。这些方法的形式和运算步骤都是在高斯消去法的基础上发展起来的,因而仍然是很简单的。三角化分解法是一种有效且应用广泛的矩阵分解法,这种方法把线性方程组的系数矩阵分解为三角形式。这里将介绍几种重要而有效的线性化方程组解法,这些方法都是以矩阵的三角化分解为基础的。本节介绍 3 种三角化分解法:LU 分解法、LDU 分解法和 Cholesky分解法。

3.3.1　LU 分解法

LU 分解法是把方程组(3.1)的系数矩阵 A 分解为下三角矩阵 L 和上三角矩阵 U 的乘积形式,即:

$$A = LU \tag{3.10}$$

其中,下三角矩阵 L 的主对角元素 $l_{ii} = 1(i=1,2,\cdots,n)$。这种分解法又叫 Doolittle 分解法。

设 $A=LU$ 为如下形式:

$$\begin{bmatrix} a_{11} & a_{12} & \cdots & a_{1n} \\ a_{21} & a_{22} & \cdots & a_{2n} \\ \vdots & \vdots & & \vdots \\ a_{n1} & a_{n2} & \cdots & a_{nn} \end{bmatrix} = \begin{bmatrix} 1 & & & & & \\ l_{21} & 1 & & & & \\ \vdots & \vdots & \ddots & & & \\ l_{i1} & l_{i2} & \cdots & 1 & & \\ \vdots & \vdots & & \vdots & \ddots & \\ l_{n1} & l_{n2} & \cdots & l_{ni} & \cdots & 1 \end{bmatrix} \begin{bmatrix} u_{11} & u_{12} & \cdots & u_{1j} & \cdots & u_{1n} \\ & u_{22} & \cdots & u_{2j} & \cdots & u_{2n} \\ & & \ddots & \vdots & & \vdots \\ & & & u_{jj} & \cdots & u_{jn} \\ & & & & \ddots & \vdots \\ & & & & & u_{nn} \end{bmatrix} \tag{3.11}$$

其中,L 与 U 的元素待定。

根据矩阵乘法法则,可得:

$$u_{1j} = a_{1j} \qquad (j = 1,2,\cdots,n)$$

由 $a_{i1} = l_{i1}u_{11}$,得:

$$l_{i1} = a_{i1}/u_{11} \qquad (i = 2,3,\cdots,n)$$

而由 $a_{2j}=l_{21}u_{1j}+u_{2j}, a_{i2}=l_{i1}u_{12}+l_{i2}u_{22}$，分别得：

$$u_{2j}=a_{2j}-l_{21}u_{1j}\quad(j=2,3,\cdots,n),$$
$$l_{i2}=(a_{i2}-l_{i1}u_{12})/u_{22}\quad(i=3,4,\cdots,n)$$

进一步设已经定出 U 的第 1 行至第 $k-1$ 行的元素与 L 的第 1 列至第 $k-1$ 列的元素，现来确定 U 的第 k 行元素 $u_{kj}(j=k,k+1,\cdots,n)$ 与 L 的第 k 列元素 $l_{ik}(i=k+1,k+2,\cdots,n)$，比较式(3.11)两边第 k 行与第 k 列剩下的元素，有：

$$a_{kj}=\sum_{q=1}^{n}l_{kq}u_{qj}=\sum_{q=1}^{k-1}l_{kq}u_{qj}+u_{kj}\quad(j=k,k+1,\cdots,n)$$

因此得：

$$u_{kj}=a_{kj}-\sum_{q=1}^{k-1}l_{kq}u_{qj}\quad(j=k,k+1,\cdots,n)\tag{3.12}$$

同理，由 $a_{ik}=\sum_{q=1}^{k-1}l_{iq}u_{qk}+l_{ik}u_{kk}$，得：

$$l_{ik}=(a_{ik}-\sum_{q=1}^{k-1}l_{iq}u_{qk})/u_{kk}\quad(i=k+1,k+2,\cdots,n)\tag{3.13}$$

式(3.12)和式(3.13)就是 LU 分解的一般计算方式，其结果与 Gauss 消去法所得结果完全一样，但却避免了中间结果的不断改变，所以称为 A 的直接分解公式。

应用 LU 分解法，方程组(3.2)变为：

$$LU\vec{x}=\vec{b}\tag{3.14}$$

令：

$$U\vec{x}=\vec{y}\tag{3.15}$$

则方程组(3.14)可以改写为：

$$L\vec{y}=\vec{b}\tag{3.16}$$

由于 L 矩阵是下三角矩阵，依次利用方程组(3.16)的每个方程，就可以得到未知向量 $\vec{y}$，即：

$$y_i=b_i-\sum_{k=1}^{i-1}l_{ik}y_k\quad(i=1,2,\cdots,n)\tag{3.17}$$

类似地，由式(3.15)可得：

$$x_i=(y_i-\sum_{k=i+1}^{n}u_{ik}x_k)/u_{kk}\quad(i=n,n-1,\cdots,1)\tag{3.18}$$

3.3.2 LDU 分解法

LU 分解是许多现代的有效算法的基础。但是，由式(3.12)和式(3.13)可知，无论矩阵 A 是不是对称的，L 的第 i 列和 U 的第 i 行都不相同，因此即使 A 为对称矩阵，L 和 U 的所有非零元都需要存储。为了克服这个缺点，引入了 LDU 分解，它把矩阵 A 表示为 3 个矩阵的乘积：

$$A = LDU \tag{3.19}$$

其中，U、L 分别为单位上、下三角矩阵，D 为对角矩阵。

可用下述方法确定矩阵 L、D、U，先将 A 分解为矩阵 L 和 U' 的乘积，而后，再把 U' 分解为 U 和 D 的乘积，即把 U' 的对角元作为 D 的对角元，并以 U' 的对角元除该对角元所在列的所有非零元，以此作为 U 的相应列的元。根据这一思想，利用式(3.12)和式(3.13)，可得：

$$d_{ss} = a_{ss} - \sum_{k=1}^{s-1} l_{sk} d_{kk} u_{ks} \quad (s = 1,2,\cdots,n) \tag{3.20}$$

$$l_{is} = (a_{is} - \sum_{k=1}^{s-1} l_{ik} d_{kk} u_{ks}) / d_{ss}$$
$$(i = 2,3,\cdots,n; s = 1,2,\cdots,n-1; i > s) \tag{3.21}$$

$$u_{sj} = (a_{sj} - \sum_{k=1}^{s-1} l_{sk} d_{kk} u_{kj}) / d_{ss}$$
$$(j = 2,3,\cdots,n; s = 1,2,\cdots,n-1; s < j) \tag{3.22}$$

轮流使用式(3.20)、式(3.21)、式(3.22)，即先确定对角矩阵 D 的第 s 个对角元，再分别确定 L 矩阵的第 s 列和 U 矩阵的第 s 行，然后，确定矩阵 D 的第 $s+1$ 个对角元，L 矩阵的第 $s+1$ 列和 U 矩阵的第 $s+1$ 行，如此做 n 次，便可得到 L、D、U 矩阵。

如果希望解线性方程组：

$$A\vec{x} = \vec{b} \tag{3.23}$$

且 A 已表示为式(3.19)的形式，即：

$$A = LDU$$

则式(3.23)可以改写为：

$$LDU\vec{x} = \vec{b} \tag{3.24}$$

令：

$$U\vec{x} = \vec{y} \tag{3.25}$$

$$D\vec{y} = \vec{z} \tag{3.26}$$

于是有：

$$L\vec{z} = \vec{b} \tag{3.27}$$

由式(3.27)通过向前消去，可得向量 $\vec{z}$，然后利用式(3.26)做 n 次除法即得向量 $\vec{y}$，最后利用式(3.25)向后回代便得方程组(3.23)的解 $\vec{x}$。

显然，若矩阵 A 是对称矩阵，则单位上三角矩阵 U 与单位下三角矩阵 L 互为转置，这时便是对称矩阵分解中常用的 LDL^T 法。此时，因 A 为对称矩阵，故只需存储对角矩阵 D 的对角元和 L、U 矩阵中任意一个，所以存储容量约可节省一半。

3.3.3　Cholesky 分解法

由一些物理和力学问题所归结出的线性方程组，其系数矩阵往往具有对称正定的性质，对于这类方程组，直接分解法还可以简化，这就是所谓的 Cholesky 分解法。可以证明，对于 n 阶对称正定矩阵 A，存在一个实的非奇异下三角矩阵 L，使 $A = LL^T$，并且若限定 L 的对角元素为正，这种分解是唯一的（袁慰平等，1992）。

Cholesky 分解法也是以 Gauss 消去法为基础的改进方法。当然，对于这类具有对称、正定性质的矩阵也可用 LU 分解法进行，但用 Cholesky 法会更有效，因为 A 对称、正定，所以对 A 作三角分解时计算量比 LU 分解减少了近一半。同时，因为 Cholesky 法求解过程简洁、规则，易于并行化或向量化（CSEP，1995），所以被广泛应用，并被广大线性方程求解库如 ScalLAPACK（Choi et al.，1994）、LINPACK（Dongarra et al.，1979）、LAPACK（Anderson et al.，1992）及 PLAPACK（Alpatov et al.，1998）等所采用。本书中的多波前法（multifrontal method）也是以 Cholesky 分解法为基础的。下面将对 Cholesky 分解法作详细介绍。

设 A 为对称正定矩阵，且 $A = LL^T$，即：

$$\begin{bmatrix} a_{11} & & \text{对} & \\ a_{21} & a_{22} & & \\ \vdots & \vdots & \ddots & \text{称} \\ a_{n1} & a_{n2} & \cdots & a_{nn} \end{bmatrix} = \begin{bmatrix} l_{11} & & & \\ l_{21} & l_{22} & & \\ \vdots & \vdots & \ddots & \\ l_{n1} & l_{n2} & \cdots & l_{nn} \end{bmatrix} \begin{bmatrix} l_{11} & l_{21} & \cdots & l_{n1} \\ & l_{22} & \cdots & l_{n2} \\ & & \ddots & \vdots \\ & & & l_{nn} \end{bmatrix}$$

其中，$l_{ii} > 0 (i = 1, 2, \cdots, n)$。

显然有：

$$l_{11} = \sqrt{a_{11}}, \quad l_{i1} = \frac{a_{i1}}{l_{11}} \quad (i = 2,3,\cdots,n)$$

从而得到 L 的第 1 列元素，由矩阵乘法规则可确定 L 的第 j $(j = 2, 3, \cdots, n)$ 列元素 l_{ij} $(i = j, j+1, \cdots, n)$ 的公式：

$$l_{jj} = \sqrt{a_{jj} - \sum_{k=1}^{j-1} l_{jk}^2} \tag{3.28}$$

$$l_{ij} = (a_{ij} - \sum_{k=1}^{j-1} l_{ik} l_{jk}) / l_{jj} \quad (i = j+1, j+2, \cdots, n) \tag{3.29}$$

在计算机上用程序实现 Cholesky 分解法时，根据矩阵中元素被操作的顺序不同而使分解执行过程不尽相同，并由此导致了几种不同的算法。George et al.（1986）指出了 3 种主要方法，分别是通过行、列及子矩阵进行的 Cholesky 分解法，通常称为 Row-Cholesky 法、Column-Cholesky 法、Submatrix-Cholesky 法（见图 3.1）。

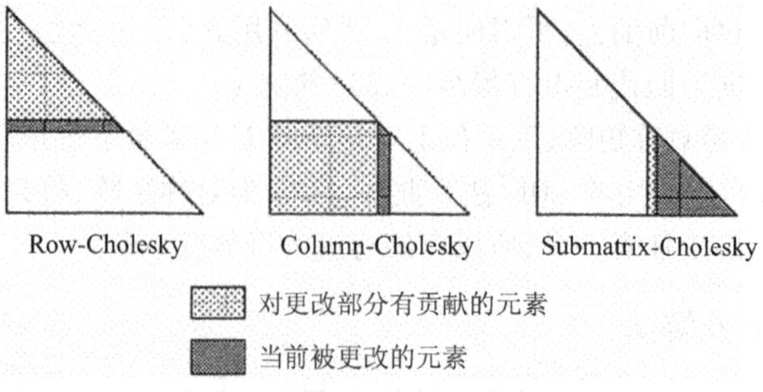

图 3.1　Cholesky 分解法的三种形式示意图

Row-Cholesky 法：一行接一行地计算 L 中新行的分解因子，分解因子根据前面所算得的行的值并通过解三角系统（triangular system）而得。

Column-Cholesky 法：一列接一列地计算 L 的各列，L 的每列先通过计算“矩阵向量乘积”（matrix-vector product）来给出前面已算得的列对当前列的贡献，然后除以一个比例因子而得。

Submatrix-Cholesky 法：一列接一列地计算 L 的各列，L 的每列一旦形成，就把其贡献作用到矩阵中所有余下的待分解的子矩阵上。

CSEP（1995）中用图形形象地解释如下：

对于稀疏矩阵的 Cholesky 分解，由于以下原因而很少采用 Row-Cholesky 法：一是设计一个能在分解期间进行有效存取操作的按行存储的数据结构（row-oriented data structure）有困难；二是向量化或并行化其进行过程中的三角分解存在困难（CSEP，1995）。因此，本书将着重讨论 Column-Cholesky 法及 Submatrix-Cholesky 法。

下面给出 Column-Cholesky 和 Submatrix-Cholesky 的算法描述：先给出式（3.28）、式（3.29）的按列计算的算法，如算法 3.1 所示。其中，Cholesky 的分解值覆盖了原初始矩阵 A，且只对下三角阵进行操作。

算法 3.1　Cholesky 分解法（按列计算）

for $j = 1, n$

for $k = 1, j-1$

for $i = j, n$
$a_{ij} = a_{ij} - a_{ik}a_{jk}$　} 当前列由前面列乘积而改变，这步操作记为 cmod(j, k)，通过内循环完成

$a_{jj} = \sqrt{a_{jj}}$

for $k = j+1, n$
$a_{kj} = a_{kj}/a_{jj}$　} 当前列所有元素的改变完成后，该列除以其对角元的平方根，该步操作记为 cdiv(j)

通常，该法作三角分解时的计算量要比 LU 分解法的减少一半（袁慰平等，1992）。若 $a_{jk}=0$，则其对后面列没有贡献，因此就可以跳过该步计算而不做与其相应的内循环。虽然对于稠密阵（dense matrix）来说，这不会产生很大的优势，但对于多数元素（这里指 a_{jk}）都为零的稀疏矩阵来说，充分利用这一点定会大大提高计算效率。

在讨论稀疏矩阵的 Column-Cholesky 法及 Submatrix-Cholesky 法之前，先介绍几个在后面对稀疏矩阵的讨论中经常用到的概念。设 A 是一个 $n \times n$ 的稀疏矩阵，L 是 A 的 Cholesky 分解因子阵（the Cholesky factor），定义：

$$\begin{aligned} \text{col}(j) &= \{i > j \mid l_{ij} \neq 0\} \\ \text{row}(j) &= \{k < j \mid l_{jk} \neq 0\} \end{aligned} \quad (1 \leqslant j < n)$$

这里 col(j) 指的是 L 的下三角阵中第 j 列的非零元所对应的行号，而 row(j) 则指的是 L 的

下三角阵中第 j 行的非零元所对应的列号。

算法 3.2　稀疏矩阵的 Column-Cholesky 分解法

```
for j = 1, n
    for k ∈ row(j)
        cmod(j, k)
    cdiv(j)
```

与算法 3.1 不同之处在于:该算法只对非零元进行处理。当计算到第 j 列时,首先通过 L 中 $k<j$ 的每列中的非零元对 j 列进行更新,当对第 j 列的更新完成后,计算出对角元 l_{jj},并用之去除 j 列中其余的已被更新过的元素。

Column-Cholesky 法有时也被称作"向左看"算法(the left-looking algorithm),因为在每个更新步骤中该算法所需要访问的列都位于矩阵中当前活动列的左边。其也被称为"需求驱动"算法(the demand driven algorithm),因为只有当确实需要对某列进行更新时才会对该列有贡献的列的内积进行累加计算,因为这个原因,Ortega(1988)称其为"延期更新"算法(the delayed-update algorithm)。有时其又被叫作"汇聚算法"(the "fan-in" algorithm),因其基本操作就是整合前面各列对单个目标列的影响(CSEP,1995)。大多数稀疏矩阵程序包都用该分解法(Eisentat et al. ,1982;George et al. ,1981)。

算法 3.3　稀疏矩阵的 Submatrix-Cholesky 分解法

```
for k = 1, n
    cdiv(k)
    for j ∈ col(k)
        cmod(j, k)
```

在 Submatrix-Cholesky 法中,k 列一旦被计算出来,立即计算其对 k 后所有子列的贡献。因此,Submatrix-Cholesky 有时被称为"向右看"算法(the right looking algorithm),因为在每个更新步骤中都是当前列右边的列被更新。其又被称为"数据驱动算法"(the data-driven algorithm),因为一旦新列的计算完成,其马上被用于更新其所能影响的所有子列。由于这个原因,Ortega(1988)称之为"散出算法"(the "fan-out" algorithm),因为其基本操作(the basic operation)就是用单个列去影响随后的子列(CSEP,1995)。

3.4　求解稀疏线性方程组时用到的一些关键技术

前面所讨论的线性方程解法及矩阵分解法中除 Column-Cholesky 法及 Submatrix-Cholesky 法对矩阵的稀疏性进行了少许考虑及利用外,其他方法均未予以考虑。这样,在求解过程中,虽然大量零元经消去运算仍保持为零元,但由于对零元和非零元采用相同的处理方式,按行或列满矩阵存放所有元素,因此存储量达$O(n^2)$。而消去运算亦对满矩阵进行,使得计算量为 $O(n^3)$,其中绝大部分计算工作是对大量零元的运算。事实上,对于那些经消去运算仍保持不变的零元的存储和运算都是不必要的,只有非零元和消去过程中产生的非零元才必须存储并参与运算,所有零元均不予存储。因而,储存表中没有的元素便是零元,消去运算亦可仅对非零元进行,这便是稀疏技术消去法的基本思想(刘晓明,1988)。在消去过程中产生的非零元称为填入元,填入元的总和为填入量。对于不同的消去顺序,填入量亦不相同,甚至会因消去顺序选择不当而造成填入元充满矩阵的情况,比如对于矩阵 A:

$$A = \begin{bmatrix} a_{11} & a_{12} & a_{13} & a_{14} \\ a_{21} & a_{22} & 0 & 0 \\ a_{31} & 0 & a_{33} & 0 \\ a_{41} & 0 & 0 & a_{44} \end{bmatrix}$$

若按自然顺序依次选主元 $a_{11}, a_{22}, a_{33}, a_{44}$ 进行消去,填入量为 6,整个矩阵全部填满。如果改用 $a_{44}, a_{33}, a_{22}, a_{11}$ 的主元顺序消去,则不产生填入单元。因此,主元的选择极大地影响填入量,填入量的大小直接关系稀疏技术消去法的存储和计算工作量。因而,需使用保持稀疏性的选主元策略,采用适当的选主元策略后可使填入量与原有非零元同量级,从而稀疏技术消去法的存储容量保持为$O(n)$,计算量为 $O(n^2)$。为了实现保持稀疏性的消去过程,必须采用新的数据结构。

3.4.1　数据结构

为了利用稀疏矩阵的稀疏性,对系数矩阵采用仅存储非零元的一维存储,常用的有线性表和双链表(十字链表)。

3.4.1.1　线性表

对于稀疏系数矩阵:

$$A = \begin{bmatrix} a_{11} & 0 & a_{13} & 0 \\ a_{21} & a_{22} & 0 & 0 \\ 0 & a_{32} & 0 & a_{34} \\ 0 & 0 & a_{43} & a_{44} \end{bmatrix} \tag{3.30}$$

线性表利用一维数组 CE 按列顺序存放非零元,再引用一数组 IROW 记录非零元的行号,最后,设置记录每列第一个非零元在线性表中位置的指针数组 ICFR。具体形式如:

IROW	CE
1	a_{11}
2	a_{21}
2	a_{22}
3	a_{32}
1	a_{13}
4	a_{43}
3	a_{34}
4	a_{44}

ICFR
1
3
5
7

这样的线性表与 A 矩阵等价。有了线性表,就可以恢复整个矩阵 A。例如,要恢复线性表中第四个非零元,由 CE(4) 可知其数值,其行号为 IROW(4) =3,为获得其列号,考察指针数组 ICFR,由于第三列首元位置为 5,而第二列首元位置为 3,因此该非零元的列号为 2。同理,其他非零元的行列号亦可得知,从而可建立系数阵 A。反之,任给一非零元,可以在线性表中找到它。例如,寻找 a_{43} 的具体步骤如下:寻找第三列的首元位置,得知为 5,再从线性表的第五个单元开始查询第三列非零元的行号,得知 IROW(6) =4,即 CE(4) 便是 a_{43}。线性表结构简单、存储量小,所需存储单元为 2NZ + n(NZ 为非零元总数),但它不便于删除非零元和插进填入元,每插入一个单元,必须修改其后的所有数据。为了避免如此烦琐的插入工作,通常在每列非零元存储完之后留有若干空单元,用于插入求解过程中产生的填入元。每列空单元的数目依据预测的填入量来安排。

3.4.1.2 双链表(十字链表)

对于式(3.30)的 A ,双链表形式如下:

IROW	ICOL	CE	LNXT	RNXT	
1	1	a_{11}	2	5	
2	1	a_{21}	0	3	
2	2	a_{22}	4	0	
3	2	a_{32}	0	7	
1	3	a_{13}	6	0	
4	3	a_{43}	0	8	
3	4	a_{34}	8	0	
4	4	a_{44}	0	0	
3	3	a_{33}	6	7	←— 填入元

IRFR	ICFR
1	1
2	3
4	5
6	7

其中,IROW(i)、CE(i)和 ICFR(i)的意义与线性表相同;新增的 ICOL(i)表示第 i 个非零

元的列号;LNXT(i)是第 i 个非零元列链指针,指示该列下一个元的位置,如遇该列最末非零元则置 0;RNXT(i)是行链指针,指示该行下一个元的位置,最末元的行链指针置 0;IRFR(i)指示第 i 行首元的位置。

双链表易于插入和删除,它不需挪动其他元素,只要修改指针即可。例如要插入一填入元 a_{33},首先使用链表尾部的空单元记录之,然后修改 a_{13}的列链指针,即修改 LNXT(5) = 9,再修改 a_{32}的行链指针 RNXT(4) = 9,如此便完成了插入 a_{33}的工作。删除非零元的工作与此类似。双链表适合处理不对称的稀疏矩阵,在求解过程中寻找非零元十分便利,执行速度极快。如果是对称的,可删除 ICOL、RNXT 和 IRFR 列,得到列链表,顺便指出,链表的初始数据无需按列或行的顺序存储。

除上述几种数据结构外,通常的稀疏数据结构还有位结构、映射法和变带宽存储等方式,变带宽存储便是有限元所采用的数据结构。一些更新更先进的存储方案也不断出现,如 Schreiber(1982)在线性表基础上提出的"相对索引存储法"(the relative indexing storage scheme),北京大学陈璞等(2002)提出的"细胞稀疏索引存储方案"等都有效地利用了稀疏矩阵的稀疏性,从而提高了求解效率。特别是后者,其外存和内存占有量是一维变列宽存储方案的 1/5 ~ 1/3,是传统的稀疏存储方案的 7/10,从而使求解速度较一维变列宽方案提高了数倍到数十倍,比传统的稀疏存储方案提高了四五倍(陈璞等,2002)。

3.4.2　选主元策略

如前所述,消去顺序极大地影响填入量,而填入量的大小决定了稀疏技术消去法的计算量和存储量。如果主元选择不当,在消去过程中产生大量填入元,则稀疏矩阵的存储方案成为徒劳,计算量亦与普通的满矩阵消去法相当。另外,为了保证求解过程的数值稳定性,必须适当保证所选主元的数值,对具有对角优势的系数阵,选择对角主元便可保证数值的稳定性。下面就保持稀疏性和保证数值稳定性分别介绍几种策略。

3.4.2.1　**保持稀疏性策略**

(1)行或列非零元个数最少。

该方法以主元所在行或列非零元个数最少的原则来选主元。这是最简单的策略,较适合于对称的稀疏矩阵。

(2)填入量最小及局部最大填入量最小。

局部填入量最小法由 Markowitz 在 1957 年提出。其选主元的策略是在向前消去的每一步,计算对剩余矩阵消去的填入量,选择产生填入量最小的非零元为主元。若有几个对角元满足此条件,则从中选择列(或行)非零元最多的对角元为主元(杨绍祺等,1985)。但该策略统计消去过程中每步填入元的计算量大,不便应用,为此杨绍祺等(1985)在向前消去过程中的每一步,提出其简化方案——局部最大填入量最小,选择剩余矩阵中局部最大填入量最小的非零元为主元。任一候选主元 a_{ij}的局部最大填入量:

$$MF(i,j) = (IRNZ(i) - 1) \times (ICNZ(j) - 1) \tag{3.31}$$

其中,IRNZ(i)是第 i 行非零元的个数;ICNZ(j)是第 j 列非零元的个数。

虽然这种方法的运算量及填充元提供的不是全局最小值,但已经证明,其在减少运算量及填充元方面是非常有效的,因此得到了广泛应用(George,1989)。

(3)最小自由度法(minimum degree algorithm)。

最小自由度法是在局部填入量法基础上建立的。Rose(1972)发展了局部填入量算法的图论模型(the graph theoretic model),并把其重新命名为最小自由度法。下面给出用消元图(Rose,1972)表示的该算法。假定大家熟知用在稀疏消元方面的图论的一些术语,如无向图、连通图、邻接点等,这些概念可以参考严蔚敏等(1997)的论著。同时,对消元图及其他相关概念也作此假定,当然 George(1981)对这些概念也有详述。

从现有消元图中选一个最小自由度的节点 y,然后通过消去 y 而形成一个新的消元图,并更新未被消去的节点的自由度,重复以上步骤,直到所有节点都被消去(Rose,1972)。在直接法中,最小自由度法在减少填充量及减少运算量上相当成功(Liu,1985),因此得到了广泛应用,如 SPARAPAK 软件包(George,1980)、Yale Sparse Matrix 软件包——YSMP(Eisenstat,1977)、Harwell Code (Duff,1983)都应用了该方法。

除上述几种方法外,多重剖分法(nested dissection)(George,1981;Duff,1989)及修正最小自由度法(modified minimum degree)(Liu,1985)也被广泛采用。

3.4.2.2 保证数值稳定性

由于主元数值大小对解的舍入误差影响较大,为了保证求解过程的数值稳定性,应在剩余矩阵中选主列中绝对值最大的元为主元(列主元法)或者选取剩余矩阵中绝对值较大的元为主元(全主元法)。一般来说,选列主元对于保证解的精度就足够了,但是这种数值稳定性的要求与保持稀疏性的要求往往是不相容的,必须在两者之间进行折中。另外,还应注意的是,保持稀疏性的选主元策略与矩阵元素的具体数值无关,只与矩阵的稀疏结构相关,因此对一个问题而言,仅需进行一次保持稀疏性方面的选主元即可。但保持数值稳定性的选主元策略则依赖于剩余矩阵中元素的数值,也就是说,选主元必须在实际的分解过程中“动态”地进行,即在选定一个主元后,应立即对剩余矩阵进行修改(行列置换),然后才能选择下一个主元。因此,选主元的策略必须兼顾稀疏性和数值稳定性。

为了兼顾稀疏性和数值稳定性,必须放弃列主元策略,即对主元数值的要求(条件)要放松,否则就无法兼顾保持稀疏性,通常采用主元容限策略来兼顾两者。一个非零元 a_{ij} 可作候选主元的条件为

$$|a_{ij}| \geqslant E$$

E 称为主元容限值,它有多种选取方式:

(1)选:

$$E = \alpha_{\min,j} + \beta(\alpha_{\max,j} - \alpha_{\min,j}) \qquad (0 \leqslant \beta \leqslant 1) \tag{3.32}$$

其中:

$$\alpha_{\min,j} = \min_i |a_{ij}|$$

$$\alpha_{\max,j} = \max_i |a_{ij}|$$

它们分别是第 j 列元素值的绝对值的最小值和最大值。β 为控制参数,$\beta = 0$ 表示忽

略数值稳定性；$\beta = 1$ 即为列主元策略。为了兼顾稀疏性，通常取 $0 < \beta < 1$。

（2）选取第 j 列的平均值

$$E = \frac{1}{\mathrm{ICNZ}(j)} \sum_{m} |a_{mj}| \tag{3.33}$$

其中 ICNZ(j) 为剩余矩阵第 j 列非零元的个数。该方案是取第 j 列元素绝对值的平均值作为主元容限（简称均值容限），这个容限易于计算，因为不需分类查找。

（3）取：

$$E = \max(\alpha_{\max} \times \beta, \varepsilon) \tag{3.34}$$

其中 $\alpha_{\max} = \max\limits_{i,j} |a_{ij}|$，$i$，$j$ 为剩余矩阵中所有的行列号；β 为主元容限与剩余矩阵最大元 $\alpha_{\max}$ 之比，通常选为 10^{-3}；ε 是给定的主元绝对下限，可取较小的数值，如 10^{-13}。

3.5　本章小结

本章首先就稀疏矩阵的特点以及由此引起的问题进行了讨论，并介绍了几种常用的矩阵求解方法，然后着重探讨了稀疏矩阵的求解方法，特别是给出了几种 Cholesky 分解法的详细算法，接着讨论了求解稀疏矩阵时用到的一些技术——存储策略（数据结构）、选主元策略等。通过本章的讨论，我们清楚地看到，由于稀疏矩阵的特殊性，原来适于稠密矩阵的求解方法不能直接应用到稀疏矩阵上来，而必须做相应的改变，以充分利用其稀疏性来达到节省存储容量和计算时间的目的，同时也要保证求解过程的数值稳定性。

第 4 章　多波前法的理论、方法

在上一章,我们讨论了对稀疏线性方程组求解时的特别要求,并介绍了一些常用算法,这些算法往往是更高级、更先进算法的基础。同时,介绍了一些在求解稀疏矩阵过程中要用到的特别技术,运用这些技术的目的是充分利用稀疏矩阵的稀疏性特征,从而尽可能地去解决稀疏线性化方程组求解中碰到的三大问题,即节省存储容量、减少计算时间以及保证求解过程的数值稳定性,这样就能用较小规模的计算机求解高阶的稀疏性问题。

在本章,将着重研究一种非常有效的大型稀疏线性方程组的解法——多波前法(the multifrontal method)。

4.1　多波前法简介

多波前法是由 Duff et al. (1983)在 Irons(1970)的波前法基础上发展起来的,该方法通过一定的优化策略把稀疏矩阵的整个分解过程重新组织成一系列的小的稠密矩阵的分解(Liu,1992),从而达到使数值分解的运算量减少到几乎最小(Duff,1996)。Duff 和 Reid 在 1983 提出多波前法的目的是求解对称非正定稀疏线性方程组,经过不断地完善和发展,该方法现已广泛地应用于一些科学、技术问题中,并被证明是非常有效的(Liu,1992)。

表 4.1 是 Liu(1989)给出的 Column-Cholesky 法与多波前法作比较的数值试验,其中,GSFCT 是 SPARSPAK(George et al. ,1981)中的以 Column-Cholesky 法为基础的稀疏矩阵求解器。从表中可以看出,随着网格尺寸的增大,多波前法的求解所需时间较 GSFCT 的越来越少,优势越来越明显。特别是在网格尺寸为 180 时,采用多波前法的求解时间只是 GSFCT 求解时间的 80% 左右。表 4.2 给出的是徐柏林与傅学宏在一篇文献中关于直接法求解与迭代法求解数值试验的结果,表中用到的求解软件的简况如下:MA27(Duff et al. ,1982)是具有 symbolic 与 numerical 双重 pivoting 功能的多波前法求解器,表中包括其原始版本(MA27 untuned)以及经过向量化调整后的版本(MA27 tuned);MA47 是 Duff et al. (1995)最新开发出来的采用多波前法的稀疏矩阵求解器,是目前最快速的 Sparse Solver之一(徐柏林等,1992);MSC/NASTRAN 是著名的商用有限元软件包,其中含有一般及稀疏矩阵的解法;另外,两个常用的迭代法 PCG 求解器(Precondition Conjugate Gradient Solver)分别为 Jacobi PCG 和 Incomplete Cholesky PCG。其结果表明,有时迭代法可能比直接法更快;更说明采用多波前法的求解器的确具有很强的竞争力,特别是在经过向量化调整后,这种优势就更明显了。这些数值试验的例子从一个方面说明了多波前法在求解大

型稀疏线性方程组时具有相当大的优势。

表 4.1　Column-Cholesky 法与多波前法的数值试验结果(Liu,1989)

网格尺寸	GSFCT		多波前法			分解因子中非零元个数
	分解时间(s)	未命中次数	分解时间(s)	未命中次数	栈的大小	
10	0.08	2	0.13	5	250	817
20	0.86	8	0.93	17	1 267	5 718
30	2.81	19	2.82	26	2 334	15 963
60	24.34	833	22.11	793	9 398	89 528
90	79.13	3 002	69.92	1 973	18 508	233 525
120	211.47	9 179	182.90	5 589	38 341	474 561
150	402.54	42 304	337.61	8 474	60 124	780 464
180	703.64	110 087	569.07	8 934	95 049	1 180 771

因此,其在很多领域内都得到了应用。其应用的例子有计算流体力学中对 Navier-Stokes 方程的求解(Awestoy et al.,1989)、对半导体器件的模拟(Luias,1987)、可分优化问题(separable optimization problems)的求解(Conn,1989)、轮船的设计和分析(Damhaug,1999)以及在超级计算机上对化学作用过程的模拟(chemical process simulation)(Zitney,1996)等。

多波前法是以高斯分解法为基础的直接求解法,其通常是在消去树或集成树(elimination tree/assembly tree)的指导下按一定的次序进行集成、消元分解,一般采用 Cholesky 分解法(也有采用 QR 分解法的(Matstoms,1994),但不常用)进行分解。Duff(1996)指出在多波前法中,重点是进行先期的以减少运算量为目的的排序。实际上,排序不仅能够减少运算量,从而节省计算时间,还能够节省计算时所需的存储空间,而排序的结果一般用树的形式表达,树的每个节点表示一个波前阵(frontal matrix)的分解,而每条边则表示从子节点向父节点的数据(这里指更新阵 update matrix)传递。对于任何节点,只要其所有子节点向其传递数据完毕,则该节点即可进行消元分解。当所有节点的消元(分解)都进行完后,就可进行回代,从而求解。这就是多波前法的基本过程。

多波前法的有效性使其在各类稀疏矩阵(对称的、非对称的、正定的、非正定的等)的求解中都得到了应用,同时,该方法所固有的并行计算的特点(Liu,1992)使其在各类计算机系统特别是向量机(Ashcraft et al.,1987;Dave et al.,1987)、并行机(Geng et al.,1997;Irony et al.,2002)以及分布式处理系统(Amesty et al.,2001)中都得到了应用。

Damhaug(1999)对轮船的设计和分析的研究就是在具有双 CPU 的 DEC Alpha 2100 的服务器上采用多波前法进行的,表 4.3 给出了几种求解器在分解步骤所需 CPU 时间的

表 4.2 迭代法与直接法求解的数值试验(徐柏林等,1992)

模型	矩阵性态			迭代法所耗 CPU 时间(s)				稀疏直接法所耗 CPU 时间(s)				MSC/NASTRAN Cholesky (CPU)
	矩阵阶数	Skyline profile size	矩阵稠密度(%)	Jacobi PCG		Incomplete Cholesky PCG		MSC/NASTRAN SPARSE	MA27 untuned	MA27 tuned	MA47 untuned	
				CPU	迭代次数	CPU	迭代次数					
Bcell5	$1\ 272^2$	269 374	3.906	2.4	49	7.4	30	8.3	19.6	6.6	19.1	4.4
Bcell9	$5\ 976^2$	3 541 162	1.026	24.1	90	97.7	48	207.9	750.5	156.2	450.8	102.2
Bcell12	$13\ 158^2$	13 186 400	0.484	34.4	120	340.7	66	1 340.6	4 874.2	987.4	4 035.4	545.1
Bst30a	$4\ 515^2$	707 256	0.496					4.3	5.2	2.45	8.4	9.3
Bst60a	$18\ 015^2$	5 530 018	0.124					27.4	46.3	17.99	31.9	88.6
Bst90a	$40\ 070^2$	18 116 973	0.056					62.0	150.5	47.18	88.7	356.2
Body	$47\ 660^2$	47 058 829	0.109					120.2	486.1	89.9	162.24	233.6
Airplan	$5\ 487^2$	2 649 071	0.637					6.1	10.3	3.65	9.37	13.70

比较。表中的求解器 GSF 为 Oak Ridge 国家实验室在 1995 年发布的版本,是一个通用的"向左看算法"稀疏矩阵求解器,关于该求解器详细资料可以参考 Ng et al.(1991)的论著;SPR 是 Bell et al.(1994)提供的采用多波前法的求解器。多波前法(MFR)则为 Damhaug(1999)提出的。从表中可以看出,除两个较小规模的问题外,MFR 都优于其他两个求解器;同时,另一个采用多波前法的求解器 SPR 也优于基于"向左看算法"的求解器 GSF。

表 4.3　几种求解器在分解步骤所需 CPU 时间(s)的比较(Damhaug,1999)

要测试的问题	变量个数	GSF	SPR	多波前法(MFR)		
				总的执行时间	不含 I/O 交换时间的执行时间	预处理时间
Srb	54 924	22.68	21.36	27.26	20.84	0.34
Crplat2	18 010	16.84	6.42	8.92	7.06	0.10
Feondp2	201 822	830.53	499.37	325.53	292.08	1.53
MT1	97 578	216.664	150.63	137.45	118.83	0.66
Shipsec1	140 874	611.44	513.05	294.91	269.06	1.45
Thread	29 736	1 221.06	709.02	312.93	290.81	0.60
Halfb	222 698	2 207.83	1 298.96	600.81	547.53	2.58

注:SPR 与 MFR 的区别在于前者要求求解时整个矩阵都要在内存中,并且只用了一个栈进行管理。

Zitney et al.(1996)则进行了在向量机 CRAY-Y-MP 下对化学作用过程的模拟,表 4.4 给出了其对几种稀疏矩阵求解器的比较。表 4.4 中的求解器 MA28(Harwell)是旧版的通用波前法求解器;FAMP(Zitney et al.,1993)为采用向量化矩阵操作等新技术的波前法求解器;UMFPACK(Davis,1993)是一个求解非对称稀疏矩阵结构的多波前法求解器。

由于国外学者对多波前法的研究及应用大都集中在向量机、并行机以及分布式处理系统等环境中,并且就所有已知的文献来看,均对该方法的描述比较抽象,同时也未给出一些具体的相关算法或可以利用的公开源代码,因此根据国内的条件以及对该算法的实际需求,本书将仅限于讨论对角占优的对称正定稀疏矩阵的多波前法,而运算环境则限定在非并行机如桌面 PC 上。

4.2　波前法简介

在讨论多波前法前,先简要地对波前法进行简介。

表 4.4　稀疏矩阵求解器的比较(Zitney,1996)

矩阵					
名称	Ins_3937	Sherman5	Add32	Mem	Gemat11
阶数	3 937	3 312	4 960	17 758	4 929
非零元个数	25 407	20 793	19 848	99 147	33 108
AF Time(to determine a pivot sequence)					
MA28	20.87	6.40	0.33	2.05	0.75
UMFPACK	3.24	1.40	0.58	3.10	0.66
FAMP	5.63	1.90	0.67	NS	0.48
F Time(to factor the matrix given a pivot sequence)					
MA28	2.30	0.76	0.14	0.81	0.23
UMFPACK	1.07	0.50	0.21	0.96	0.24
FAMP	5.57	1.87	0.59	NS	0.44
S Time(to obtain a solution given the LU factors and a right-hand-side vector)					
MA28	0.027	0.016	0.024	0.087	0.027
UMFPACK	0.030	0.016	0.023	0.094	0.020
FAMP	0.052	0.021	0.016	NS	0.019
LU 分解因子阵中的非零元个数					
MA28	423 305	167 256	23 914	126 150	51 727
UMFPACK	761 194	426 616	46 953	202 888	97 195
FAMP	2 268 987	799 907	31 388	NS	257 346
内存					
MA28	1.130	0.464	0.156	0.681	0.219
UMFPACK	1.558	0.864	0.287	1.316	0.394
FAMP_ic	4.644	1.458	4.779	NS	0.891
FAMP_oc	2.383	0.663	4.760	NS	0.637

注:表中的 NS 表示由于超出了计算范围而不能进行。

波前法是 Irons(1970)为有限元问题的求解而设计的。对有限元问题的编程有两个重要过程,即集成与分解(消元),集成指的是把所有单元的贡献累加到一块,从而形成系数矩阵(总刚);而分解则指对系数矩阵进行矩阵分解运算,比如分解成 LDL^{T} 等(Dumhaug et al. ,1999)。而波前法的主要思想就是:在集成的同时进行消元(分解)(欣顿等,1982),即两个过程整合在一块,这样当系数完全从全部与之相关的单元组装后,立即就可消去相应的变量,并把分解结果存入磁盘,直到回代求解时才重新读入,从而减少了中间数据的输入输出需求。另外,由于尽量只对非零元进行操作,这样就使得内存需求量、运算量和外设(主要指辅助存储设备)的利用都达到了尽量小的程度。

波前法用有限元问题的形式表示如下:

对于有限元问题,有:

$$A = \sum_{l} B^{(l)} \tag{4.1}$$

其中,A 为总体刚度(简称总刚)矩阵;$B^{(l)}$ 是单元刚度矩阵(简称单刚)。

而波前法的优势在于不必等来自式(4.1)的所有集成步骤:

$$a_{ij} = a_{ij} + b_{ij}^{(l)} \qquad \text{(集成)} \tag{4.2}$$

全部完成,就可进行消元:

$$a_{ij} = a_{ij} - a_{ik} a_{kk}^{-1} a_{kj} \qquad \text{(消元)} \tag{4.3}$$

式(4.3)的操作只要等主元所在的行、列完成集成即可进行,也就是只要式(4.2)对主元的运算全部完成即可进行式(4.3)的操作。式(4.3)分解完成后,就可把该行、列存储在磁盘上。

更一般地,用矩阵对波前法的描述如下:

波前法的分解过程由一系列叫波前阵的稠密矩阵的局部消元(分解)过程所组成。而波前阵则可表示为:

$$\begin{pmatrix} \bar{F}_{11} & \bar{F}_{12} \\ \bar{F}_{21} & \bar{F}_{22} \end{pmatrix} \tag{4.4}$$

其中,每行均已完全集成(每行中均包含了该行的所有非零元),并且首块的列也已完全集成。随后进行局部选主元,接着对主元行、列进行消元,然后将主元的行、列从波前阵中移走,而后集成过程又开始,如此集成过程与消元过程相互转换,直到各矩阵的分解完成为止(Zitney,1996)。

图4.1 给出了波前法分解的一个例子,其中已完成了4×6 阶的波前阵的分解(已算得首行、列的行、列分解因子分别为 u、l),L 和 U 的元素以三角阵的形式列出。图中第5行正被集成到一个4×5 阶的波前阵中(如图4.1 中实线框所示),由此,第2、3 列现已完成集成,因此可被消去。接下来,集成第6 列到一个3×7 阶的波前阵中(如图4.1 中虚线框所示)后消去第4、5 列。随后在消去第6 列前必须集成第7、8、9 行到图4.1 中点划线框所示的5×6 阶的波前阵中。最后的双点划线框所示的5×5 阶的波前阵则表示共有5行可以被同时消去。由此,要分解图4.1 所示的11×11 阶的稀疏矩阵,只需一个大小为

5×7阶的稠密工作阵而非 11×11 阶的就能满足处理波前阵的需要。

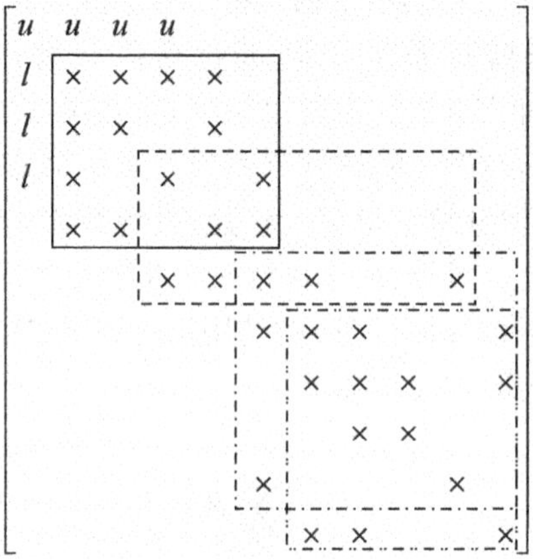

图 4.1　波前法的图例

Davis et al. (1999)指出,对于小 profile 的矩阵波前法效果很好,这里矩阵的 profile 表示非零元与对角元接近程度的度量,可以表示为:

$$\sum_{i=1}^{n}\left\{\max_{a_{ij}\neq 0}(i-j)+\max_{a_{ji}\neq 0}(i-j)\right\}$$

其中,假定对角元非零,profile 愈小,说明非零元愈紧密地分布在对角元附近或者说"波前带宽"愈小。但对于 profile 很大的矩阵,波前阵可能会很大并且可能会产生数量巨大到难以接受程度的填入元,尤其是现在缺乏有效减小 profile 的方法(Davis et al., 1999),也就是说,执行波前法过程中会导致很大的带宽乃至不能计算。而在进行集成时,由于没有对集成顺序进行优化,必将会对存储需求、运算时间产生负面的影响。另外,波前法所需运算量要比执行稀疏矩阵分解所必需的运算量大得多(Duff,1996)。

还有一个问题是波前法能并行化的程度很低,我们若用"计算树"来描述分解过程,就会发现波前法的对应的树只是一条链形(计算树的节点表示对一个波前阵的分解消元,而其边则表示子节点向父节点的集成),而又因为对父节点的操作(也就是消元)必须是在对子节点操作(集成)完成后才能进行的,所以在树这个层次上,波前法是不能利用并行性的(Duff,1996)。这对计算效率的影响是显而易见的,但这可以通过同时对多个波前阵进行操作而给出利用平行性的可能,下面就多波前法进行讨论。

4.3　多波前法的几个重要概念

4.3.1　消去树(elimination tree)

在前面已经提到,与其他矩阵的直接求解法相似,多波前法也是以消去树(Schreiber, 1982;Jess et al.,1982;Liu,1990)为基础、在消去树指导下进行的。当然,在实际应用中也有采用集成树(assembly tree)(Damhaug et al.,1999;Liu,1986;Guermouche et al.,2002)

进行运算的,但本书将用消去树进行讨论。

在定义消去树前,我们令 A 为一个 $n\times n$ 阶的稀疏对称正定矩阵(SPD:symmetric positive definite),其 Cholesky 分解系数矩阵为 L(L 为下三角阵),即 $A=LL^{\mathrm{T}}$,则矩阵 A 的消去树可被定义成一个具有 n 个节点$\{1, 2, \cdots, n\}$的二叉树,其中,节点间的父子关系或者说树中节点 p 是节点 j 的父节点的条件是:

$$p = \mathrm{parent}(j) = \begin{cases} \min\{i \in \mathrm{col}(j)\}, & \text{若 col}(j)\text{ 非空} \\ j, & \text{其他} \end{cases} \tag{4.5}$$

其中,col(j)是在第 3 章 3. 3. 3 小节定义的,指的是 L 中第 j 列中所有非零元所对应的行号的集合。那么,换句话说,式(4. 5)所定义的 p 指的是 L 的第 j 列中第一个非零元所对应的行号(对角元除外)。因而,对于节点 i、j,若有 $i>j$ 且 $i=\mathrm{parent}(j)$,则 i、j 间就有一条边相连。由此就可以很容易地构造出稀疏矩阵 A 所对应的消去树。

需要指出的是,构造消去树时必须考虑消元过程中所产生的填入元,也就是说,树中要反映出填入元的位置。因此,在构造消去树前,必须定出 A 中填入元的位置,Schreiber (1982)给出了一个确定填入元的推论:

若 $j=\mathrm{parent}(k)$,且 $l_{ik}\neq 0$,则必有 $l_{ij}\neq 0$。

通过这个推论,可以很容易地定出填入元,并且从中可以知道对于 k 列中的每个非零元在其父节点 parent(k)所在列中都有一个与之相对应的非零元,即存在下面的关系:

$$\mathrm{col}(k) \subset \mathrm{col}(\mathrm{parent}(k)) \cup \{\mathrm{parent}(k)\} \tag{4.6}$$

本书中将用 $T(A)$表示矩阵 A 所对应的消去树,而若上下文清楚的话就简记为 T。用 $T[j]$表示消去树 T 中节点 j 的子孙节点与节点 j 并集的集合,换句话说,集合 $T[j]$包括 j 以及以 j 为根的子树中的所有节点。关于树及其相关的一些基本概念,可以参考严蔚敏等(1997)的介绍。

消去树在稀疏矩阵求解中的许多方面都起到了重要作用,关于这一点可以参考 Liu (1990)的详细介绍。

4.3.2　外积更新(outer-product update)(Liu,1992)

在第 3 章已经指出多波前法是以 Cholesky 分解法为基础的,从 Cholesky 法的分类上看,多波前法更像是稀疏矩阵的 Submatrix-Cholesky 法,但又不完全是,因为从概念上看,在多波前法中,虽然来自于已完成分解列对余下矩阵的更新贡献已被计算出来了,但并不直接应用到矩阵元素中,而是在实际的更新贡献应用到余下矩阵元素前,这个贡献要与其他已分解列的贡献整合。这点与 Submatrix-Cholesky 法是不同的,因为后者在完成对当前列的分解后,直接把其贡献应用到了所余子矩阵中(详细的操作可以参考第 3 章相关部分内容)。实际上,这种更新更像是纯粹的 Column-Cholesky 法与纯粹的 Submatrix-Cholesky法的糅合。为了与之区别,Liu(1992)就用“外积更新”(outer-product update)来表示该分解方法,本书也采用该叫法。

先介绍稠密矩阵的“外积更新”表示方法。设一个 $n\times n$ 阶的稠密矩阵 A 已经用

Cholesky 法分解成了 LL^{T} 的形式（利用 Submatrix-Cholesky 法进行分解），则 Cholesky 分解法的外积表达式的第一步可表示为：

$$A=\begin{pmatrix} d & \vec{v}^{\mathrm{T}} \\ \vec{v} & C \end{pmatrix}=\begin{pmatrix} \sqrt{d} & 0 \\ \vec{v}/\sqrt{d} & I \end{pmatrix}\begin{pmatrix} I & 0 \\ 0 & C-\vec{v}\,\vec{v}^{\mathrm{T}}/d \end{pmatrix}\begin{pmatrix} \sqrt{d} & \vec{v}^{\mathrm{T}}/\sqrt{d} \\ 0 & I \end{pmatrix} \tag{4.7}$$

其中，d 为首个对角元；$\vec{v}$ 为一个 $n-1$ 维的向量；C 为原矩阵 A 的子矩阵，等于 A 除去了首行首列而得的阶数为$(n-1)\times(n-1)$的矩阵；子矩阵 $C-\vec{v}\,\vec{v}^{\mathrm{T}}/d$ 表示余下要被分解的部分，其分解可以用相似的方法递归完成。

因此，整个 Submatrix-Cholesky 过程可表示为：

$$\begin{aligned}
A&=\begin{pmatrix} d & \vec{v}^{\mathrm{T}} \\ \vec{v} & C \end{pmatrix}=\begin{pmatrix} \sqrt{d} & 0 \\ \vec{v}/\sqrt{d} & I \end{pmatrix}\begin{pmatrix} I & 0 \\ 0 & C-\vec{v}\,\vec{v}^{\mathrm{T}}/d \end{pmatrix}\begin{pmatrix} \sqrt{d} & \vec{v}^{\mathrm{T}}/\sqrt{d} \\ 0 & I \end{pmatrix}\\
&=\begin{pmatrix} \sqrt{d} & 0 \\ \vec{v}/\sqrt{d} & I \end{pmatrix}\begin{pmatrix} I & 0 \\ 0 & H \end{pmatrix}\begin{pmatrix} \sqrt{d} & \vec{v}^{\mathrm{T}}/\sqrt{d} \\ 0 & I \end{pmatrix}\\
&=\begin{pmatrix} \sqrt{d} & 0 \\ \vec{v}/\sqrt{d} & I \end{pmatrix}\begin{pmatrix} I & 0 \\ 0 & L_H \end{pmatrix}\begin{pmatrix} I & 0 \\ 0 & L_H^{\mathrm{T}} \end{pmatrix}\begin{pmatrix} \sqrt{d} & \vec{v}^{\mathrm{T}}/\sqrt{d} \\ 0 & I \end{pmatrix}\\
&=\begin{pmatrix} \sqrt{d} & 0 \\ \vec{v}/\sqrt{d} & L_H \end{pmatrix}\begin{pmatrix} \sqrt{d} & \vec{v}^{\mathrm{T}}/\sqrt{d} \\ 0 & L_H^{\mathrm{T}} \end{pmatrix}\\
&=LL^{\mathrm{T}}
\end{aligned}$$

该分解可以容易地普遍化为用矩阵块表示的形式。假设已完成了 $j-1$ 步的分解，这里 $j>1$，则可以很方便地用 2×2 阶的矩阵块划分来表示该步的分解：

$$A=\begin{pmatrix} B & V^{\mathrm{T}} \\ V & C \end{pmatrix}=\begin{pmatrix} L_B & 0 \\ V/L_B^{-\mathrm{T}} & I \end{pmatrix}\begin{pmatrix} I & 0 \\ 0 & C-VB^{-1}V^{\mathrm{T}} \end{pmatrix}\begin{pmatrix} L_B^{\mathrm{T}} & L_B^{-1}V^{\mathrm{T}} \\ 0 & I \end{pmatrix} \tag{4.8}$$

其中，$B=L_BL_B^{\mathrm{T}}$ 是对首个子矩阵 B 的$(j-1)\times(j-1)$阶的 Cholesky 分解因子；$C-VB^{-1}V^{\mathrm{T}}$ 则表示余下将被分解的矩阵部分。

注意：$(n-j+1)\times(n-j+1)$阶的子矩阵 $-VB^{-1}V^{\mathrm{T}}$ 表示前面$(j-1)$行/列对子矩阵 C 的更新贡献。该更新贡献子矩阵可以用前面已完成分解的$(j-1)$列的 Cholesky 分解因子表示如下：

$$-VB^{-1}V^{\mathrm{T}}=-(V/L_B^{-\mathrm{T}})(L_B^{-1}V^{\mathrm{T}})=-\sum_{k=1}^{j-1}\begin{pmatrix} l_{j,k} \\ \vdots \\ l_{n,k} \end{pmatrix}(l_{j,k}\ \cdots\ l_{n,k}) \tag{4.9}$$

这就是来自前面$(j-1)$列的 Cholesky 分解因子中相应部分（并非全部）的“外积更新”之和。“外积更新”的概念是多波前法中定义稀疏矩阵分解的波前阵和更新阵的基础。实际上，多波前法可被视为一种提供对稀疏矩阵的外积更新在子矩阵层次上的有效管理。

4.3.3　波前阵及更新阵(frontal matrix & update matrix)

与前文相似,仍令 A 为 $n\times n$ 阶的稀疏对称正定矩阵,且 L 是其 Cholesky 分解因子阵,即 $A=LL^{\mathrm{T}}$。考虑 L 的第 j 列,令 l_{*j} 的非零元的行下标分别是 $i_0,i_1,\cdots,i_r$,其中 $i_0=j$,即 $\mathrm{col}(j)=\{i_0,i_1,\cdots,i_r\}$,也就是说,第 j 列有 r 个不在对角的非零元。

4.3.3.1　**子树更新阵**(subtree update matrix)

那么对于稀疏矩阵 A,其第 j 列的以 j 为根的子树更新阵可定义为矩阵:

$$\bar{U}_j=-\sum_{k\in T[j]-\{j\}}\begin{pmatrix}l_{j,k}\\ l_{i_1,k}\\ \vdots\\ l_{i_r,k}\end{pmatrix}(l_{j,k}\quad l_{i_1,k}\quad\cdots\quad l_{i_r,k})\tag{4.10}$$

也就是说,子树更新阵 $\bar{U}_j$ 就是前面那些列对第 j 列的外积贡献,这些列指的是消去树中 j 的子孙节点所在的列。从而,$\bar{U}_j$ 中包括了消去树中节点 j 的所有子孙节点对其的非零元贡献,这些贡献来自于 j 的所有子孙节点所在列的外积更新。

4.3.3.2　**波前阵**(frontal matrix)

矩阵 A 的第 j 个波前阵 F_j 可由 A_{*j} 及子树更新阵 $\bar{U}_j$ 定义为:

$$F_j=\begin{pmatrix}a_{j,j} & a_{j,i_1} & \cdots & a_{j,i_r}\\ a_{i_1,j} & & & \\ \vdots & & 0 & \\ a_{i_r,j} & & & \end{pmatrix}+\bar{U}_j\tag{4.11}$$

波前阵 F_j 与子树更新阵 $\bar{U}_j$ 的阶数为 $r+1$,是分解系数阵 L 中第 j 列的非零元总数。当然,这个数字也包括对角元。

通过上述定义可以看出,$\bar{U}_j$ 实际上是前面各列对现要计算列(这是指第 j 列)的贡献,这与 Column-Cholesky 法相似,即需要对当前列进行计算时才整合与之相关的列进行计算。

4.3.3.3　**完全更新列**(complete update column)

Schreiber(1982)给出了一个定理来确定矩阵的元素与树中节点间的关系:

若 $l_{jk}\neq 0$,且 $k<j$,那么节点 k 是消去树中节点 j 的一个子孙节点。

通过该定理,对于矩阵中的元素,若满足 $k<j$,且 $l_{jk}\neq 0$,则有 $k\in T[j]-\{j\}$,从而式(4.10)的 $\bar{U}_j$ 中已包括了对 k 列的外积更新。因此,我们可以把 $\bar{U}_j$ 表示成两部分之和的形式:

$$\overline{U}_j = -\sum_{\substack{k<j \\ l_{jk}\neq 0}} \begin{pmatrix} l_{j,k} \\ l_{i_1,k} \\ \vdots \\ l_{i_r,k} \end{pmatrix} (l_{j,k} \quad l_{i_1,k} \quad \cdots \quad l_{i_r,k}) - \sum_{\substack{k\in T[j]-\{j\} \\ l_{jk}=0}} \begin{pmatrix} 0 \\ l_{i_1,k} \\ \vdots \\ l_{i_r,k} \end{pmatrix} (0 \quad l_{i_1,k} \quad \cdots \quad l_{i_r,k}) \tag{4.12}$$

容易看出,仅有第一部分对子树更新矩阵$\overline{U}_j$ 的首列有贡献,更进一步地,$\overline{U}_j$ 的首列可以单独表示为:

$$-\sum_{\substack{k<j \\ l_{jk}\neq 0}} l_{j,k} \begin{pmatrix} l_{j,k} \\ l_{i_1,k} \\ \vdots \\ l_{i_r,k} \end{pmatrix} \tag{4.13}$$

其中已包含了所有对第 j 列有贡献的非零更新元,Ashcraft et al. (1990)称式(4.13)为第 j 列的“完全更新列”(complete update column)。

4.3.3.4 **更新阵**(update matrix)

从式(4.11)中对波前阵 F_j 的定义可以看出,F_j 的首行(列)由两部分构成,即 A_{*j}及第 j 列的完全更新列。因此,当对 F_j 计算时,F_j 的首行(列)的更新已完成,这时对 F_j 一个消去步骤就可以进行,该消去步骤给出了分解因子列 L_{*j}的非零元,可进一步表示为:

$$F_j = \begin{pmatrix} l_{j,j} & 0 \\ l_{i_1,j} & \\ \vdots & \\ l_{i_r,j} & I \end{pmatrix} \begin{pmatrix} 1 & 0 \\ & \\ & \\ 0 & U_j \end{pmatrix} \begin{pmatrix} l_{j,j} & l_{i_1,j} & \cdots & l_{i_r,j} \\ & & & \\ & & & \\ 0 & & & I \end{pmatrix} \tag{4.14}$$

该步骤只对 F_j 的首列即第 j 列进行了分解操作。由于 $j,i_1,\cdots,i_r$ 是 L_{*j}的非零元下标,所以向量$(l_{j,j},l_{i_1,j},\cdots,l_{i_r,j})^{\mathrm{T}}$ 是满的,这也说明波前阵 F_j 的首行(列)是满的。因而,在该步骤对波前阵的消元完成后,F_j 中除首行(列)外所余下的要被分解的子矩阵也就成为了满矩阵(full matrix),并用 U_j 来表示这个满子矩阵,同时 U_j 被称为来自第 j 列的“更新阵”(update matrix),其将作为来自子树 $T[j]$ 到 j 的最终贡献通过树向上传递。Liu(1992)给出了一个定理来定义 U_j,引用如下:

$$U_j = -\sum_{k\in T[j]} \begin{pmatrix} l_{i_1,k} \\ l_{i_2,k} \\ \vdots \\ l_{i_r,k} \end{pmatrix} (l_{i_1,k} \quad l_{i_2,k} \quad \cdots \quad l_{i_r,k}) \tag{4.15}$$

需要指出的是,$\overline{U}_j$ 与 U_j 有很大的不同:

(1)子树更新阵(subtree update matrix)$\overline{U}_j$ 是用来形成第 j 个波前阵 F_j 的,而更新阵(update matrix)U_j 则来自于第 j 个波前阵 F_j 的一个消元步骤。

(2)$\overline{U}_j$ 要比 U_j 多一行(列),多出来的这一行(列)是波前阵 F_j 的首行(列),也就是 F_j 中的第 j 列。

(3)虽然两者的构造、形成都是以 F_{*j} 的相关列为基础定义的,但 U_j 包含了子树 $T[j]$ 中所有列的外积贡献,而 $\overline{U}_j$ 则只包含 $T[j]-\{j\}$ 中所有列的外积贡献。

4.3.4　矩阵的扩充相加运算符(matrix extend-add operator)(Speelpenning, 1978;Liu,1992)

令 A、R、S 分别是 $n\times n$ 阶、$r\times r$ 阶、$s\times s$ 阶的矩阵,其中 $r\leqslant n, s\leqslant n$,并且矩阵 R 和 S 的行、列分别相应于 A 的行、列。又令 $i_1\leqslant\cdots\leqslant i_r, j_1\leqslant\cdots\leqslant j_s$ 分别是 R 和 S 在 A 中相应的下标集。

考虑这两个下标集的并集,令 $k_1\leqslant\cdots\leqslant k_t$ 是两者并后的结果。矩阵 R 可以通过引进一定数目的零元行和列进行扩充,以与下标集 $\{k_1,\cdots,k_t\}$ 相适应。同样,矩阵 S 也可以通过相似的操作而得到扩充。定义 $R+S$ 为 $t\times t$ 阶的矩阵 T,其由两个已扩充矩阵 R 和 S 相加而成,其中矩阵运算符"+"为矩阵扩充相加运算符(matrix extend-add operator)。

例如,对于以下两个对称矩阵:

$$R=\begin{array}{c}\\ i_1\\ i_2\\ i_3\end{array}\begin{array}{c}\begin{array}{ccc} i_1 & i_2 & i_3\end{array}\\ \begin{pmatrix} a & & \\ b & d & \\ c & e & f\end{pmatrix}\end{array},\quad S=\begin{array}{c}\\ i_1\\ i_3\\ i_4\end{array}\begin{array}{c}\begin{array}{ccc} i_1 & i_3 & i_4\end{array}\\ \begin{pmatrix} g & & \\ h & j & \\ i & k & l\end{pmatrix}\end{array}$$

假设 R、S 的下标集分别是 $\{i_1,i_2,i_3\}$、$\{i_1,i_3,i_4\}$,注意它们的下标集中的下标分别对应于矩阵 A 的相应下标,则 $R+S$ 可表示成以下 4×4 阶的矩阵:

$$R+S=\begin{array}{c}\\ i_1\\ i_2\\ i_3\end{array}\begin{array}{c}\begin{array}{ccc} i_1 & i_2 & i_3\end{array}\\ \begin{pmatrix} a & & \\ b & d & \\ c & e & f\end{pmatrix}\end{array}+\begin{array}{c}\\ i_1\\ i_3\\ i_4\end{array}\begin{array}{c}\begin{array}{ccc} i_1 & i_3 & i_4\end{array}\\ \begin{pmatrix} g & & \\ h & j & \\ i & k & l\end{pmatrix}\end{array}$$

$$=\begin{array}{c}\\ i_1\\ i_2\\ i_3\\ i_4\end{array}\begin{array}{c}\begin{array}{cccc} i_1 & i_2 & i_3 & i_4\end{array}\\ \begin{pmatrix} a & & & \\ b & d & & \\ c & e & f & \\ 0 & 0 & 0 & 0\end{pmatrix}\end{array}+\begin{array}{c}\\ i_1\\ i_2\\ i_3\\ i_4\end{array}\begin{array}{c}\begin{array}{cccc} i_1 & i_2 & i_3 & i_4\end{array}\\ \begin{pmatrix} g & & & \\ 0 & 0 & & \\ h & 0 & j & \\ i & 0 & k & l\end{pmatrix}\end{array}$$

$$=\begin{array}{c}\\ i_1\\ i_2\\ i_3\\ i_4\end{array}\begin{array}{c}\begin{array}{cccc} i_1 & i_2 & i_3 & i_4\end{array}\\ \begin{pmatrix} a+g & & & \\ b & d & & \\ c+h & e & f+j & \\ i & 0 & k & l\end{pmatrix}\end{array}$$

该新矩阵的下标集为:

$$\{i_1,i_2,i_3\}\cup\{i_1,i_3,i_4\}=\{i_1,i_2,i_3,i_4\}$$

4.4　波前阵和更新阵的形成

4.4.1　波前阵的形成(集成)

波前阵$\{F_j\}$及更新阵$\{\bar{U}_j\}$和$\{U_j\}$在多波前法进行过程中居于重要地位。在前面已经讲过,F_j 可以用$\bar{U}_j$ 来形成,U_j 则可由 F_j 进行相关行(列)的消元而得到。本节将探讨波前阵$\{F_j\}$与更新阵$\{U_j\}$之间的关系,这两者的关系通过消去树与矩阵扩充相加运算符来表示。

对于第 j 列,仍然令 $j,i_1,\cdots,i_r$ 为列 L_{*j}中非零元的行下标。若设消去树中 j 节点的子节点为 $c_1,c_2,\cdots,c_s$,则波前阵$\{F_j\}$与更新阵$\{U_j\}$之间的关系可以表示为:

$$F_j=\begin{pmatrix} a_{j,j} & a_{j,i_1} & \cdots & a_{j,i_r} \\ a_{i_1,j} & & & \\ \vdots & & & \\ a_{i_r,j} & & & 0 \end{pmatrix}+U_{c_1}+U_{c_2}+\cdots+U_{c_s} \tag{4.16}$$

Liu(1992)以定理的形式给出了该关系并给出了其证明,详细的介绍及证明过程可参考其文献。

应指出,式(4.16)中由矩阵扩充相加运算得到的子矩阵$U_{c_1}+U_{c_2}+\cdots+U_{c_s}$的行列可能要比 F_j 的少,但其若扩充到与 F_j 的下标集相一致,那么就成为了子树更新阵$\bar{U}_j$。因此,子矩阵 $U_{c_1}+U_{c_2}+\cdots+U_{c_s}$中已包括了所有$\bar{U}_j$ 对 F_j 的外积贡献(outer-product contribution),事实上,该子矩阵与$\bar{U}_j$ 的作用相同。式(4.16)正是说明了这层重要关系,也就是说,波前阵可以由其相应子节点的更新阵通过扩充相加运算集成而得。

4.4.2　稀疏 Cholesky 分解法用波前阵及更新阵的新表达

下面给出算法 4.1,该算法将用波前阵$\{F_j\}$与更新阵$\{U_j\}$来重新表达 Cholesky 分解法。

算法 4.1 实际上给出了多波前法的核心部分,即集成与分解的具体操作。需要着重指出的是,该算法中用到$\bar{U}_j$ 只是为了表达清楚的需要,实际上,波前阵 F_j 可以直接由 A_{*j} 与子节点的更新矩阵 U_j 用式(4.16)通过扩充相加运算而形成。另外,算法 4.1 也隐含了更新阵 U_j 的形成,在对 j 节点波前阵的 Submatrix-Cholesky 分解完成后,可得到两部分的结果：一是得到 j 节点的分解因子向量，二是得到 j 节点的更新阵 U_j。

算法 4.1　用波前阵、更新阵表示的 Cholesky 分解法

对于每个节点 j 来说，首先由 j 的所有子节点的更新阵形成 j 的子树更新阵 $\overline{U}_j$；然后由 $\overline{U}_j$ 集成而得 j 的波前阵 F_j；随后对 F_j 进行 Submatrix-Cholesky 分解，并由此得到矩阵中节点 j 所对应列的 Cholesky分解因子向量以及 j 的更新阵。更详细的算法表述如下：

for $j = 1, n$

令 $j, i_1, i_2, \cdots, i_r$ 为列 L_{*j} 中非零元的行下标；

令 $c_1, c_2, \cdots, c_s$ 为消去树中 j 节点的子节点。

由 j 的子节点的更新阵通过矩阵扩充相加运算形成节点 j 的子树更新阵：

$$\overline{U}_j = U_{c_1} + U_{c_2} + \cdots + U_{c_s}$$

形成节点 j 的波前阵 F_j：

$$F_j = \begin{pmatrix} a_{j,j} & a_{j,i_1} & \cdots & a_{j,i_r} \\ a_{i_1,j} & & & \\ \vdots & & & \\ a_{i_r,j} & & & 0 \end{pmatrix} + \overline{U}_j$$

对 F_j 用 Submatrix-Cholesky 法进行分解：

$$F_j = \begin{pmatrix} l_{j,j} & & 0 \\ l_{i_1,j} & & \\ \vdots & & \\ l_{i_r,j} & & I \end{pmatrix} \begin{pmatrix} 1 & & 0 \\ & & \\ & & \\ 0 & & U_j \end{pmatrix} \begin{pmatrix} l_{j,j} & l_{i_1,j} & \cdots & l_{i_r,j} \\ & & & \\ & & & \\ 0 & & & I \end{pmatrix}$$

4.5　多波前法的基本框架及优化策略

4.5.1　基本框架

在经过以上各节的讨论，特别是在上一节给出了波前阵与更新阵如何形成后，现在就可以给出多波前法基本框架的描述。从概念上看，多波前法是对与稀疏 Cholesky 分解相关的运算做了重组织，这种重组织以消去树的结构为基础，通过这种重组织把分解大型稀疏矩阵的任务转化成了一系列的子任务，而每一个子任务则只包括对一个更小的稠密波前阵的局部分解。通过这一系列的局部分解，就可以得到相应行列的 Cholesky 分解因子，随后对分解因子阵进行回代求解，就可以得到最终的解。下面给出其算法描述。

算法 4.2　多波前法的基本框架

首先根据给定的稀疏矩阵，定出其填入元(fill-in)。

然后生成相应的消去树。

接着，在树的指导下按照列的增序即从 1 到 n，用 Submatrix-Cholesky 法对矩阵进行集成、分解(消元)(其具体过程为：对于树中的叶节点，直接用 Submatrix-Cholesky 法进行分解，从而得其相应的分解因子及相应的更新阵；对于非叶节点，则先由其子节点的更新阵与原矩阵的系数形成波前阵，再对波前阵进行分解操作得到其相应的分解系数及更新阵；重复以上过程，直至求得消去树根节点的相应分解因子及更新阵为止。这样就完成了整个消元集成过程)。

随后对分解因子阵进行回代求解操作，从而得到解(进一步的详细描述是：由于对稀疏矩阵进行 Cholesky 分解，即 $A=LL^{\mathrm{T}}$，又 $A\vec{x}=\vec{b}$，故 $LL^{\mathrm{T}}\vec{x}=\vec{b}$，令 $L^{\mathrm{T}}\vec{x}=\vec{y}$，则有 $L\vec{y}=\vec{b}$，从而回代过程分为两部分，即向前回代和向后回代，由 $L\vec{y}=\vec{b}$ 通过向前回代可求得向量 $\vec{y}$，然后由 $L^{\mathrm{T}}\vec{x}=\vec{y}$ 通过向后回代解得向量 $\vec{x}$)。

这就是多波前法实施的基本步骤。

4.5.2　对波前阵与更新阵的存储及优化

在上一章讨论求解稀疏矩阵所用技术中，为了保持和利用稀疏矩阵的稀疏性并保证求解过程的数值稳定性，而采用了一系列的选主元策略，然后通过行列交换或者说通过矩阵与相应排列阵(permutation matrix)相乘而得到。从随后进行的分解来看，这就像对分解过程执行的顺序进行了重排序(reordering)。实际上，在多波前法中，要进行两次大的重排序，一次就是前面所述的这种重排序，其目的是减少分解过程中产生的填入量(fill-in)以保持稀疏矩阵的稀疏性及保证稀疏矩阵分解过程的数值稳定性，一般该重排序发生在消去树生成之前，常用的方法有最小自由度法(minimum degree)(Markowitz，1957；Rose，1972)、修正最小自由度法(modified minimum degree)(Liu，1985)和多重剖分法(nested dissection)(George，1981；Duff，1989)。Damhaug(1999)的数值试验表明，在多波前法进行前执行该重排序对于减少运算量是非常有效的。

另一次重排序是在消去树形成后，生成树的后序遍历序列以指导分解的进行，并减少分解进行时所需的存储空间，同时为了进一步减少存储空间则对后序遍历进行优化即重排序。这种意义上的重排序能"保持原序列中所减少填入元的质量"(Liu，1992)，而"不会对实际运算的数量或数值结果有任何影响"(Damhaug，1999)，这样，一方面使前面以减少填入量为主要目的的重排序的结果得以保证，即不会在原有基础上增加填入量，从而保持了稀疏性；另一方面则又减少了执行分解操作时对存储量的需求。

重排序对多波前法存储需求的影响可以参考 Guermouche(2003)的介绍。如前所述，本书仅限于对对称正定、对角占优的稀疏矩阵进行讨论，因此本书重点放在消去树形成后进行的重排序上。

4.5.2.1　利用树的后序遍历(postordering, postorder traversal)对存储的优化

Duff(2000)、Dongarra et al. (2000)指出,现代高性能计算机的一个共同特征是:在获得高性能时存在着一个主要障碍,该障碍在于执行单元(functional units)从主存中获取数据这一瓶颈。无论是采用 RISC 处理器的工作站、Pentium 系列的 PC 还是向量机或者共享式/分布式存储的并行计算机中均有该问题。于是,大多计算机中都用高速 cache 作为数据的补给站(staging post),在 cache 中的数据可以低延迟、高宽带地向执行单元传递,但是,cache 中所能存储数据的数量是很少的(常小于 1 MB),因此要尽可能地重复利用 cache 中的数据以补偿从主存读取数据到 cache 中的代价。而这一情况在辅存与主存交换数据时表现尤甚,因此更应充分利用主存中的数据,以尽量减少 I/O 交换,从而提高计算效率,减少计算时间。

对于多波前法来说,如算法 4.2 所述,其利用波前阵与更新阵采用 Submatrix-Cholesky 法进行分解。由于相应列的解是按列的增序从 1 到 n 进行的,所以更新阵$\{U_j\}$亦是按该顺序依次产生的,但若更新阵 U_j 不被立即用于形成波前阵 F_{j+1},那么必须为之分配临时存储空间,以备形成更后的波前阵而用。

例如,对于图 4.2 中的矩阵 A,右侧为其相应的消去树。

$$A=\begin{array}{r}1\\2\\3\\4\\5\\6\\7\\8\\9\end{array}\begin{pmatrix} a^1 &&&&&&&& \\ & b^2 &&& \text{对} &&&& \\ && c^3 &&&&&& \\ & \times && d^4 &&&&& \\ \times &&&& e^5 && & \text{称} & \\ & \times &&& \times & f^6 &&& \\ && \times &&&& g^7 && \\ \times & \times && \times && \times & \times & h^8 & \\ && \times && \times & \times & \times && i^9 \end{pmatrix}$$

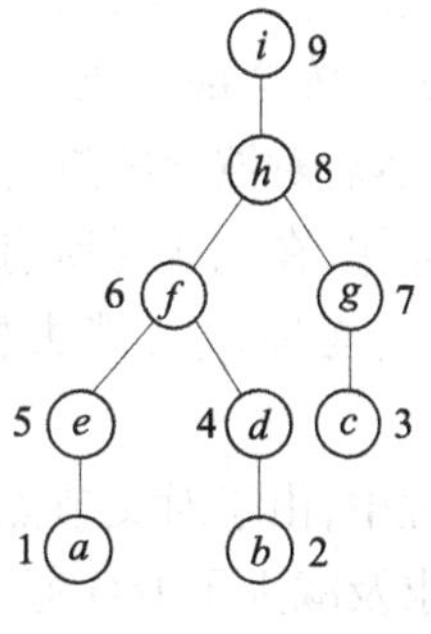

图 4.2　稀疏矩阵 A 及其相应的消去树

当进行到第四步即进行波前阵 F_4 形成的操作时,它只用到更新阵 U_2,这意味着必须存储前面步骤中所产生的更新阵 U_1 和 U_3 到临时位置。在更新阵 U_4 从波前阵 F_4 产生后,该更新阵必须存储起来,以便随后 F_5 的形成,而且在形成 F_5 时更新阵 U_1 必须从存储空间中读出来,以用来形成 F_5。这样,在多波前法进行时,若执行顺序不当,将引起反复的读写操作。

多波前法进行时确定一种好的存取更新阵的顺序是很有必要的,以尽量缩短更新阵的产生与利用间的间隔,使之尽可能地处于主存中。避免存储过多的更新阵致使主存空间不够而引起主存与辅存间过频的 I/O 交换,从而进一步提高多波前的效能。本节将讨论通过对矩阵进行重排序以获得一种对多波前阵操作较好的顺序,从而减少执行多波前法时对工作空间的需求量。特别指出,这里的重排序将以消去树(elimination tree)为

基础。

设 A 为给定的稀疏对称正定矩阵，并进一步假设其已经过修正最小自由度法或多重剖分法的优化，即已完成了第一类的重排序。Liu（1992）指出，若 A 的两个重排序矩阵具有相同的填充图（filled，graph），那么就可以说这两种重排序是等价的。而在消去树中，只要先于父节点进行了编号的任一种重排序都与原序是等价的（Liu，1990）。这样的排序称为该树的拓扑排序（topological ordering）。这样，在寻找与多波前法相适合的等价的重排序序列时就有了相当大的灵活性。

树的后序遍历（postorder traversal，从左至右处理完所有子节点后再处理父节点）就是一种拓扑排序，因为对子节点的访问总早于父节点。从前面的定义可知，对消去树的后序遍历与所给矩阵的原序列是等价的。另外，后序遍历还有多波前法所需要的一个特点：更新阵可以用“后进先出”（last-in-first-out）的原则来管理。因为更新阵都是对称的满阵，因此可以用全下角阵的栈数据结构（严蔚敏等，1997）来处理更新阵的序列。当更新阵从相应的波前阵中生成后，就把它压进栈中；而在形成当前的波前阵时，若需要前面已算得的某更新阵，该更新阵就要从更新阵所在的栈中弹出。在多波前法中采用后序遍历及栈机构这一重要的方法源于 Duff et al.（1983）。Cormen et al.（1991）更指出：对于单处理器环境下的多波前法来说，一种好的排序是对消去树深度优先搜索（depth-first search）后的后序遍历。

对消去树进行后序遍历，然后以后序遍历为指导对原矩阵进行重排序，多波前法按这种新的序列方式进行。这样，对于每个节点来说，一旦其所有子节点的分解进行完毕或者说其子节点的更新阵全部形成后，就可立即执行对该节点的操作：从子节点集成以形成该节点的波前阵，然后对波前阵进行 Cholesky 分解，以形成该节点的更新阵。随后对其兄弟节点进行相似操作，在完成对所有兄弟节点的操作后，就可对其父节点进行相似的操作。如此循环重复，直至完成对消去树中所有节点的操作，这样也就完成了对整个矩阵的分解。

在整个过程中，由于对父节点的操作是紧随其子节点操作之后进行的，所以减少了对存储空间的需求及减少了 I/O 通信的开支，从而提高了计算效率。

4.5.2.2 对后序遍历进行优化以进一步减少工作存储需求

在多波前法中利用消去树的后序遍历是很重要的，因为这不仅使得对更新阵的操作可以按一定的秩序进行，而更重要的是，在这种情况下，只有在必需时才产生新的波前阵（Liu，1992）。这样就尽可能地减少了对存储空间的需求。但是很显然，多波前法进行时仍需要额外的存储开支用以存储更新阵所用的栈以及当前的波前阵，有时这种开支的最大值甚至会超出成功执行该算法所需的最小工作存储空间的要求，这样在指定主存容量的机器上，就可能无法进行该方法。因此，有必要进一步减少多波前法进行时对工作空间大小的需求，以使其能在不必利用辅存的基础上求解更大规模的问题，而即使所需空间大小超出了主存容量，也能因此而减少算法进行时所必需的 I/O（input/output）交换量，从而减少了整个算法执行所需的时间。

下面首先对多波前法进行时所需的工作存储空间大小进行分析。这里所说的工作存储空间，指的是该算法进行时更新阵所在的栈以及波前阵所需的最大存储空间。分析时，仍令 r_j 为下三角系数阵中第 j 列中不在对角的非零元个数，则波前阵 F_j、更新阵 U_j 的阶数分别是 r_j+1 和 r_j，消去树中 j 节点的子节点为 $c_1,c_2,\cdots,c_s$，如图4.3所示，且有 $c_1<c_2<\cdots<c_s<j$。同时，用 $|F_j|$、$|U_j|$ 来分别表示下三角阵中波前阵 F_j 和更新阵 U_j 中的非零元个数，并令 MinWstore(j) 为消去树中 j 节点在执行多波前法时对子树 $T[j]$ 相关联的节点(列)进行操作时所需的最小工作存储空间。对于阶数为 t 的满下三角阵，其存储量为 $\frac{1}{2}t(t+1)$，为叙述方便，简记为 $\Delta(t)=\frac{1}{2}t(t+1)$。

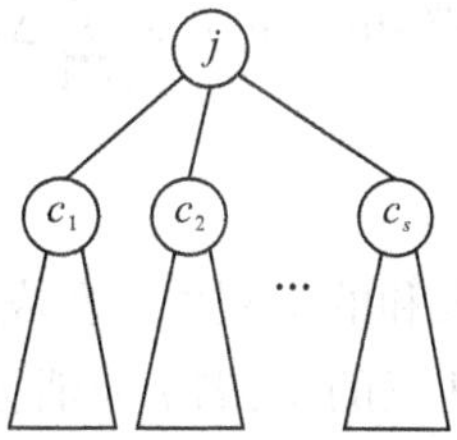

图4.3　消去树中以节点 j 为根的子树

若 j 节点为消去树的叶节点，那么显然有：

$$\mathrm{MinWstore}(j)=|F_j|=\Delta(r+1)$$

这其实就是对波前阵 F_j 进行分解时所需的最小工作存储空间。

而若节点 j 不是叶节点，则在形成其子节点 $c_k(1\leqslant k\leqslant s)$ 的更新阵 U_{c_k} 时所需的最小工作存储空间为 MinWstore(c_k)。并且，在此时还要对前面已形成的 $k-1$ 个更新阵 $U_{c_1},U_{c_2},\cdots,U_{c_{k-1}}$ 安排栈的存储空间，对每个 U_{c_i} 来说，其所要求的栈存储空间大小为 $|U_{c_i}|=\Delta(r_{c_i})$，这里 r_{c_i} 指节点 c_i 所对应的阶数(也就是 c_i 列的所有非零元数目)。那么，要成功地执行 c_k 步的多波前法所需的存储空间为：

$$\mathrm{MinWstore}(c_k)+\sum_{i=1}^{k-1}|U_{c_i}|=\mathrm{MinWstore}(c_k)+\sum_{i=1}^{k-1}\Delta(r_{c_i})$$

最终，要把 $U_{c_1},U_{c_2},\cdots,U_{c_s}$ 集成到波前阵 F_j 中，此时所需存储空间为：

$$|F_j|+\sum_{i=1}^{s}|U_{c_i}|=\Delta(r_j+1)+\sum_{i=1}^{s}\Delta(r_{c_i})$$

综上，对于节点 j 来说，成功执行多波法时所需最小工作存储空间为：

$$\begin{aligned}\mathrm{MinWstore}(j)&=\max\{\max_{1\leqslant k\leqslant s}\{\mathrm{MinWstore}(c_k)+\sum_{i=1}^{k-1}|U_{c_i}|\},|F_j|+\sum_{i=1}^{s}|U_{c_i}|\}\\&=\max\{\max_{1\leqslant k\leqslant s}\{\mathrm{MinWstore}(c_k)+\sum_{i=1}^{k-1}\Delta(r_{c_i})\},\Delta(r_j+1)+\sum_{i=1}^{s}\Delta(r_{c_i})\}\end{aligned}$$

即成功执行与节点 j 相关联的波前阵的计算所需最小空间为计算节点 j 的诸子节点更新阵 U_{c_k} 所需最小工作空间的最大值与形成波前阵 F_j 时所需存储空间两者中的最大值。

需要注意的是，若节点 j 有子节点（也就是说 $s>0$），那么波前阵 F_j 所占用的空间可以与栈中最顶部的矩阵（这里指 U_{c_k}）所占空间相重叠，或者说，U_{c_k} 集成到 F_j 这一步可以在同一位置进行。这样，MinWstore(c_k)的公式可以更改为：

$$\begin{aligned}\mathrm{MinWstore}(j) &= \max\{\max_{1\leqslant k\leqslant s}\{\mathrm{MinWstore}(c_k)+\sum_{i=1}^{k-1}|U_{c_i}|\},|F_j|+\sum_{i=1}^{s-1}|U_{c_i}|\}\\ &= \max\{\max_{1\leqslant k\leqslant s}\{\mathrm{MinWstore}(c_k)+\sum_{i=1}^{k-1}\Delta(r_{c_i})\},\Delta(r_j+1)+\sum_{i=1}^{s-1}\Delta(r_{c_i})\}\end{aligned} \tag{4.17}$$

更改的部分是式中最后部分，求和的上限由 s 变成了 $s-1$，后文将沿用这个经过改良的求 MinWstore(c_k)的公式。值得注意的是，若 j 为消去树的根节点，那么 MinWstore(c_k)表示的则是完成整个矩阵的消元过程所需要的工作存储空间。

很容易看出，式(4.17)可以进一步表示为如下形式：

$$\begin{aligned}\mathrm{MinWstore}(j) &= \max_{1\leqslant k\leqslant s}\{\max\{\mathrm{MinWstore}(c_k)+|F_j|\}+\sum_{i=1}^{k-1}|U_{c_i}|\}\\ &= \max_{1\leqslant k\leqslant s}\{\max\{\mathrm{MinWstore}(c_k)+\Delta(r_j+1)\}+\sum_{i=1}^{k-1}\Delta(r_{c_i})\}\end{aligned} \tag{4.18}$$

实际上，累加求和 $\sum_{i=1}^{k-1}\Delta(r_{c_i})$ 表示前面 $k-1$ 个进栈的更新阵所需的存储空间大小，而 $\max\{\mathrm{MinWstore}(c_k)+\Delta(r_j+1)\}$ 则表示计算第 k 个子节点的波前阵所需存储空间与集成父节点的波前阵 F_j 所需存储空间两者中的最大者。在后文的分析中将采用式(4.18)这一新的公式。

关于求 MinWstore(j)的式(4.18)表明子节点排列的次序对于节点 j 的工作存储空间大小是有影响的。下面将讨论如何组织子节点的次序以使多波前法所需求的工作存储空间最小。Liu(1990)给出了一个定理对子节点顺序进行优化，现引用如下：

定理 4.1 对于节点 j 根据存储需求的最优化子节点序列是对节点 j 下子树 $T[c_1]$，$T[c_2]$，…，$T[c_s]$ 通过按 $\max\{\mathrm{MinWstore}(c_k),|F_j|\}-|U_{c_k}|$ 的降序对子节点进行重新组织而得到的，即子节点最优化序列是：

$$\begin{aligned}&\max\{\mathrm{MinWstore}(c_1),|F_j|\}-|U_{c_1}|\geqslant\\ &\quad\max\{\mathrm{MinWstore}(c_2),|F_j|\}-|U_{c_2}|\geqslant\\ &\quad\quad\cdots\geqslant\max\{\mathrm{MinWstore}(c_s),|F_j|\}-|U_{c_s}|\end{aligned}$$

虽然进行这种优化需要更多的额外工作，但结果却是很有价值的。其不但减少了分解进行时对存储空间的需求，而且对于整个求解过程的速度亦有很大影响（Damhaug，

1999)。该优化的作用相当于把存储需求较大的节点的更新阵安排在栈的顶部,这样,在执行对该节点的父节点的集成操作时,该节点的更新阵可被先从栈中弹出,从而达到节省存储空间的目的。

下面将根据以上的讨论给出一个确定消去树中最优化后序遍历,也就是执行多波前法时对工作存储空间需求最小的算法。

算法 4.3　最优化的后序遍历算法

for $j = 1, n$
　　if 节点 j 为消去树中的叶节点 then
　　　　$\mathrm{MinWstore}(j) = |F_j|$;
　　else if 节点 j 为消去树中的非叶节点 then
　　　　对 j 的子节点 $c_1, c_2, \cdots, c_s$ 按
　　　　$\max\{\mathrm{MinWstore}(c_k), |F_j|\} - |U_{c_k}|$
　　　　的降序进行重新组织排列;
　　　　按式(4.18)计算 $\mathrm{MinWstore}(j)$;
以新的子节点序列为基础生成新的后序遍历序列

在该算法中,对子节点的重排序是最耗费时间的操作步骤,而在实际运用中,消去树的大多数节点的子节点数目都限于 2 之内,故确定优化后序遍历在时间上与矩阵的大小是成比例的。该优化方法对一些实际问题在工作存储空间上更为实质性节省的试验结果可以参考 Liu(1990),已有报道说这种节省超过了 50%,这对多波前法来说其影响是巨大的。

4.6　多波前法的一些改良方法

在本节,将介绍几种文献中提议的或利用的对多波前法改进的方法。

4.6.1　超节点法(supernodal multifrontal method)

超节点法(Duff et al. ,1983)或它们的一些变种是一种实际中常用的对多波前改进的方法。超节点的概念也常出现在一些其他的稀疏矩阵计算的环境中。

总之,在进行稀疏 Cholesky 分解时,若一些节点或列可以集在一起被视为一个计算单元,则这些集在一起的节点或列就可称为超节点。一个超节点相应于 Cholesky 分解系数阵中一个最大的连续列的块,其中与这些列相应的对角块是满三角阵,且这些列都有相同的非对角块列构造(off-block-diagonal column structure)。所有处于超节点中的诸节点共用同一个波前阵并且一起被分解消去。于是,在分解阶段矩阵集成的总数由原来节点的个数减少为超节点的个数。这样,更大的超节点就意味着更大的计算性能的优势。

Duff et al.(1983)提议对节点及超节点合并以得到更大的超节点,其通过把一些逻辑零元(logical zero)视为非零元而使一些超节点的容量更大。Ashcraft et al.(1989)提供了一种以消去树为基础寻找更大超节点以提高多波前法性能的算法,他们用放松的超节点(relaxed supernode)来指代这种超节点的扩充。有些情况下,拥有更大超节点所提供的优势会很大程度地抵消因对逻辑零元进行操作而需要的额外的运算开支(Liu,1992)。对于放松超节点的试验结果可以参考 Ashcraft et al.(1989)的介绍。

4.6.2 局部索引(local indices)

在多波前法中,形成波前阵时需要用到矩阵扩充相加运算,每个子节点更新阵必须先扩充,然后再累加到当前的波前阵中,这些运算被称为稀疏运算。为了便于进行这些运算,Ashcraft(1987)提出了局部索引(local indices)方法。局部索引这个概念是由 Schreiber(1982)首先提出的,用以介绍一种用于稀疏 Cholesky 分解的相对索引存储方法。

它不是存储系数列中非零元的实际行下标,而是存储其非零元相对于消去树中其父节点所对应波前阵的位置。按这种方法,来自于更新阵中的非零元可以直接累加进波前阵而不必进行额外的与实际行下标相关的运算。这些局部索引的大小不会大于最大波前阵的大小,也就是多数阵中非对角非零元的最大个数则通过局部索引方法得到,通常,它们可用短整数进行存储,因此若利用短整数存储会在节省额外存储时有很大优势。

4.6.3 满矩阵法(full matrix techniques)

除了矩阵扩充相加运算,多波前法的整个数值计算可以以满矩阵(full matrix)的形式执行。这是该法成功的关键,由 Duff et al.(1983)首先提出。

一旦波前阵或者超节点的波前阵形成,消元步骤就可作为一个满阵的消元而进行。这对减少稀疏消元对索引开支的需求有很大的优势。而且,用于稠密阵分解的一些标准方法如循环展开(loop unrolling)(张林波,1998)等可以运用于此处。这里着重指出一点,对于大多实际问题,多波前法中很大比例的分解操作是与最后几个满阵的部分分解相关的。Liu(1992)给出的例子表明最后 6 个满超节点波前阵的部分分解占用的整个运算比例超过了 25%。公平地说,对于大多实际中的稀疏矩阵问题,多波前法的整个性质主要取决于对小的满矩阵进行部分分解的代码。

Ashcraft(1987)提供了许多实际稀疏矩阵问题的一些令人感兴趣的关于满阵运算在多波前法中所占比例的统计数据。总之,在多波前法中对小的满矩阵的操作是很重要的。

4.7 本章小结

本章着重对多波前法这一有效的求解稀疏线性化方程组的方法进行了研究。首先给出了多波前法中的几个重要概念,如消去树、波前阵、更新阵、矩阵扩充相加运算符等的定义,并结合本章定义的几个概念,给出了 Submatrix-Cholesky 分解法在消去树指导下用波前阵及更新阵表达的新算法。然后，就多波前法实施的基本框架的算法进行了研究，随后详细讨论了多波前法实施过程中以减少存储容量及计算时间为目的的优化策略（对消去树的后序遍历及对后序遍历序列的优化等），同时给出了这些优化策略的算法描述。最后，介绍了一些文献中提及的对多波前法进行改良的方法。

第5章　多波前法的具体实施技术研究

在上一章,结合稀疏线性化方程组对求解过程的要求,给出了多波前法中用到的一些概念、一些基本算法及优化策略,并给出了实施多波前法的基本框架。本章将结合一个抽象的例子来对该算法的实施进行具体描述,当然,这里所说的多波前法并没有包含那些特别的优化技术,如超节点、局部索引等。

5.1　多波前法实施的主要步骤

如上一章所述,就概念而言,多波前法只是对与稀疏 Cholesky 分解相关的运算进行了重新组织,把对一个大型稀疏矩阵的分解任务转化成了一系列的子任务,每一个子任务都包含对一个小的稠密的波前阵的局部分解: $F_1 \Rightarrow L_{*1}, F_2 \Rightarrow L_{*2}, \cdots, F_n \Rightarrow L_{*n}$,其中, F_i 表示第 i 个波前阵, L_{*i} 则表示对波前阵 F_i 分解后的第 i 列 Cholesky 因子阵中的分解系数。

综合第 4 章对多波前法理论和方法的研究,现详细给出多波前法实施的主要步骤:

(1)对原给定的稀疏矩阵进行重排序优化,选取合适的主元,以使填入量(fill-in)最小,从而能保持原矩阵的稀疏性并保证分解过程的数值稳定性。常用最小自由度法(minimum degree)和多重剖分法及对它们的改良方法进行该步操作。

(2)定出步骤(1)所优化过的稀疏矩阵中的填入元,并由此生成相应的消去树(elimination tree)。

(3)以减少工作存储需求为目的,通过寻找与原矩阵排序等价的重排序而对步骤(2)中所生成的树进行重构。一般来说,这种等价的重排序是指对原树进行后序遍历(postordering)的序列。最后,以后序遍历顺序调整原矩阵(行列置换)并重新生成树,也就是新的执行序列。

(4)对后序遍历进行优化,以进一步减少工作存储需求,这一步主要通过算法 4.3 来实现。经过这一步优化以生成步骤(3)所生成的重构树的最优化后序遍历序列。

(5)根据步骤(4)中生成的最优化后序遍历序列对步骤(3)中产生的矩阵进行重新调整,然后定出填入元,再进一步生成相应的新的消去树——这也是最终指导多波前法进行集成、消去执行过程的消去树。

(6)在消去树的指导下,以算法 4.1 为基础,执行多波前法,进行分解因子阵的计算,也就是按消去树的后序遍历顺序把消去树中子节点的更新阵集成到相应父节点中而形成波前阵,然后按 Submatrix-Cholesky 法对波前阵进行分解,从而得到该父节点的分解因子及相应的更新阵。

(7)算得整个分解因子阵后进行回代求解。回代过程由两部分组成,即向前回代和向后回代。

以上(1)~(7)就是多波前法实施的主要步骤,其中步骤(2)~(5)又称为多波前法的预处理(preprocessing),步骤(6)又称为多波前法的数值分解(numerical factorization)。计算机实现时,在进行第(1)步的重排序优化前,必须考虑多波前法进行时的存储策略,通过读入稀疏矩阵的数据并重新安排合理的数据结构以方便将来的计算。另外,当程序实现多波前法时,在进行第(6)步的数值分解前,一般还要进行符号分解(symbolic factorization),这种符号分解以最优化后序遍历为基础。符号分解就是执行一次虚拟的数值分解,从而得出数值分解时所要求的静态数据结构,也就是说,用其定出数值分解时要修改元素的位置,并依修改的顺序记录下来,然后,在进行实际的数值分解时,严格按照符号分解所定出的顺序进行。有些文献如 Damhaug(1999)则把该步归入了预处理这块中。

多波前法可以用五个大的步骤通过流程图来描述,如图 5.1 所示。

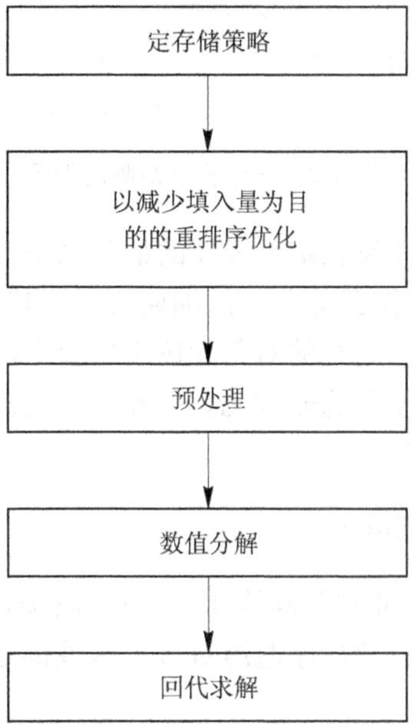

图 5.1　多波前法流程图

其中,最能体现多波前法特点的是第三步和第四步,即预处理和数值分解,而其他各步在稀疏矩阵求解方法中一般都会涉及。

由于对于从有限元中得出的稀疏矩阵来说,通常都具有对称、正定、对角占优的特点,直接选取对角元作为主元就可满足求解过程的数值稳定性,因此本书预先地假设已对稀疏矩阵做过第一类的重排序优化,也就是以减少填入量为目的的重排序优化,或者说不进行该步优化而直接对原始稀疏矩阵进行随后的一系列操作。

下面将结合一个简单的抽象例子详细地对各步具体实施的过程进行详述,同时也将给出上一章所提到的一些概念的具体形式。

5.2 多波前法的具体实施技术

为了叙述的方便,现给出一个小型稀疏线性方程组:

$$A\vec{x} = \vec{b}$$

的例子,其中系数阵 A 为 9×9 阶的稀疏矩阵,如图 5.2 所示。

$$A = \begin{array}{c} 1 \\ 2 \\ 3 \\ 4 \\ 5 \\ 6 \\ 7 \\ 8 \\ 9 \end{array} \left(\begin{array}{ccccccccc} a^1 & & & & & & & & \\ & b^2 & & & & \text{对} & & & \\ & & c^3 & & & & & & \\ & \times & & d^4 & & & & & \\ \times & & & & e^5 & & & \text{称} & \\ & \times & & & \times & f^6 & & & \\ & & \times & & & & g^7 & & \\ \times & \times & & \times & & \times & \times & h^8 & \\ & & \times & & \times & \times & \times & & i^9 \end{array} \right)$$

图 5.2　一个稀疏矩阵的例子

在图 5.2 中,给出了一个小型稀疏矩阵 A 的抽象例子。之所以谓之抽象,主要是因为其并无具体的数字,而只表示零元、非零元的抽象关系。其中,用"×"表示 A 中的非对角非零元,并标出了每行的行号。每行的对角元按字母顺序依次标出,对角元的上标数字表示其所在的列号,当然对角元全部为非零元。另外,用 L 表示该稀疏矩阵的 Cholesky 分解因子阵的下三角阵,即有 $A = LL^{\mathrm{T}}$。

5.2.1 预处理(preprocessing)

这一步对多波前法来说是非常关键的,因为一是该步将生成指导数值分解执行顺序的消去树,二是该步生成的最优化后序遍历对节省多波前法中的存储容量及节省计算时间都有重要影响。

5.2.1.1 定填充元,生成消去树

(1)确定填充元。

由 Schreiber(1982)给出的一个结论:

若 $j = \mathrm{parent}(k)$ 且 $l_{ik} \neq 0$,则必有 $l_{ij} \neq 0$。

其中,$\mathrm{parent}(k) = \min\{i \in \mathrm{col}(k)\} = \min\{i > k \mid l_{ik} \neq 0\}$。

也就是 j 为第 k 列中第一个非对角非零元的行号。由该结论通过对相应列的考查,可以方便地得出各列的填充元。该结论说明,若第 k 列的某行有非零元,则对应于其父节点 j 所在列相应行的元素亦为非零元,若该位置原始数据为 0,则必有一个填充元产生。

下面给出确定填充元的算法。

算法5.1　定填充元

```
for k = 1, n
    j = parent(k)
    for i ∈ col(k)
        if (l_ij = 0), 则 l_ij 为填充元
```

对于图 5.2 中矩阵的第 1 列，有 parent(1) = 5，又 col(1) = {5,8}，而 col(5) ∪ {5} = {5,6,9}，那么第 5 列中 l_{85} 为填充元，于是，col′(5) = {6,8,9}，这是第 5 列新的非零元所对应的行号。

同样，关于第 2 列，有 parent(2) = 4，又 col(2) = {4,6,8}，而 col(4) ∪ {4} = {4,8}，那么第 4 列中 l_{64} 为填充元，于是，第 4 列新的非零元所对应的行号为 col′(4) = {4,6,8}。

而对于第 3 列，有 parent(3) = 7，又 col(3) = {7,9}，而 col(7) ∪ {7} = {7,8,9}，从而第 7 列就没有填充元。

如此重复，就可确定余下各列填充元的情况：除第 8 列产生 l_{98} 这个填充元外，其他余下的各列均不会产生填充元。从而，对于本例来说，原给定的矩阵将有三个填充元，分别是 l_{85}、l_{64} 和 l_{98}。

这样，在定出填充元后就可确定稀疏矩阵 A 相应的 Cholesky 分解系数阵 L 的结构形式（非零元与零元间的关系），如图 5.3 所示，其中，用“×”表示 L 中的非对角非零元；每行的对角元按字母顺序依次标出，对角元的上标数字表示其所在的列号；“⊗”表示填充元。

$$
L = \begin{array}{c}1\\2\\3\\4\\5\\6\\7\\8\\9\end{array}
\begin{pmatrix}
a^1 & & & & & & & & \\
 & b^2 & & & & \text{对} & & & \\
 & & c^3 & & & & & & \\
 & \times & & d^4 & & & & & \\
\times & & & & e^5 & & & \text{称} & \\
 & \times & & \otimes & \times & f^6 & & & \\
 & & \times & & & & g^7 & & \\
\times & \times & & \times & \otimes & \times & \times & h^8 & \\
 & & \times & & \times & \times & \times & \otimes & i^9
\end{pmatrix}
$$

图 5.3　稀疏矩阵 A 所对应的 Cholesky 分解系数阵 L 的结构形式

(2)构造消去树。

填充元定出后，就可根据上一章中对消去树的定义定出各节点间的关系，从而构造出消去树。

矩阵消去树中节点 p 为节点 j 的父节点的条件是：

$$p = \text{parent}(j) = \min\{i \in \text{col}(j)\} = \min\{i > j \mid l_{ij} \neq 0\}$$

也就是节点 j 的父节点 p 为第 j 列中第一个非对角非零元。那么，对于图 5.2 中所示的稀疏矩阵，根据填充元填入后形成的 Cholesky 分解系数阵 L（如图 5.3 所示），可确定出各节点的父节点如下：

$$\text{parent}(1) = \min\{\text{col}(1)\} = \min\{5,8\} = 5$$

$$\text{parent}(2) = \min\{\text{col}(2)\} = \min\{4,6,8\} = 4$$

同样：

$$\text{parent}(3) = 7; \text{parent}(4) = 6; \text{parent}(5) = 6;$$

$$\text{parent}(6) = 8; \text{parent}(7) = 8; \text{parent}(8) = 9$$

注意：确定父节点时用到的 col (j) 均为包含填充元以后的新的 col (j)。在定出各节点的父节点后就可构造消去树，如图 5.4 所示。

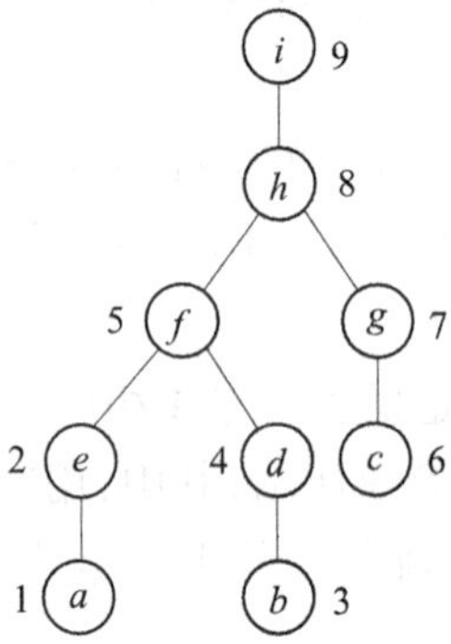

图 5.4　稀疏矩阵 A 所对应的消去树

图 5.4 所示的就是矩阵 A 所对应的消去树，注意：其节点的编号是按其所在行的自然顺序而编的。这也是优化前执行分解所依照的顺序。另外，上一章我们就提到用 $T[j]$ 表示以 j 节点为根的子树，在图 5.4 所示的消去树中，6 节点的子树为：$T[6] = \{1,2,4,5,6\}$。

5.2.1.2　对消去树进行后序遍历（postordering）以减少存储需求

（1）进行后序遍历以确定需交换的行/列。

所谓的后序遍历，就是首先从左到右按后序遍历根节点的各棵子树，然后访问根节点，简单来说，就是树中对子节点的访问要先于其父节点进行。图 5.4 所示消去树的后序遍历序列为：

$$\{a,e,b,d,f,c,g,h,i\}$$

注意：这里的字母代表的是稀疏矩阵 A 中相应的行/列。

对按后序遍历为顺序进行的多波前法，由于只要全部子节点的更新阵形成就可立即对其父节点进行集成，因此避免了存储过多的更新阵，从而节省了存储空间的需求，同时，这种顺序的操作也非常适合利用栈的数据结构进行操作。

新的执行顺序要求对原矩阵的结构进行相应的调整，即进行行列置换。比较原来执行的序列$\{a,b,c,d,e,f,g,h,i\}$可知，需要做出调整（或者进行行/列交换）的行/列是e、b、f、c所在的行/列。若分别用字母表示该行/列，则进行交换的行/列分别是：$e\leftrightarrow b$，$b\leftrightarrow c$，$c\leftrightarrow f$，$f\leftrightarrow e$，其余a、d、g、h、i所在行/列不需交换。符号"$\leftrightarrow$"的含义是互换其两端字母所代表的原矩阵中的行/列。注意：这里的行/列是指原矩阵中的而非调整中的新矩阵的。

（2）按步骤（1）所确定的要进行交换的行/列做相应的交换。

由于矩阵是稀疏对称的，因此安排存储结构时只考虑对下三角阵中的非零元进行存储，这是稀疏矩阵求解时对原矩阵稀疏性的利用，但这样一来，在对矩阵进行相应行/列交换时就造成了极大不便，主要有以下4个方面的原因：

一是要通过索引而非直接对非零元进行操作；

二是行/列交换将破坏原来的存储结构；

三是有些元素可能会在行/列交换中因不断改变其位置而容易在索引时出错；

四是由于只存储了矩阵的下三角阵，行/列交换只能通过对称的原则在下三角阵意义下进行，这无疑增加了操作的难度。

对于稀疏矩阵的行/列交换，要克服以上不便，需注意以下几个原则：

首先，交换时不必移动数据而只根据索引定出的行/列号进行交换。假设对i、j行$(i,*)$、$(j,*)$进行交换，则互换两者行号即可。特别注意的是，对诸如(i,j)之类元素的操作，要彻底交换相应行号，即交换后变为(j,i)。

其次，行/列交换时非零元位置要改变，因此要不断注意要交换行/列的元素改变情况，对已经完成的行/列应考查其元素，若有涉及以后进行交换的行/列号则标记之。

再次，对于每组要交换的行/列因受下三角阵存储的限制，则要包含两个部分，即对角元左边该行的交换与对角元下该列的交换，保证行号比列号大的行元及列号比行号大的列元进行操作，同时注意交换后行号、列号的对比关系可能会发生改变，应予以及时的调整。

最后，在形成新的下三角阵时，应先填上进行交换行/列的相关联的元素，再根据交换的次序依次将所得结果分别填入那些后来不需再调整的行/列，对于中间变换元（就是仍需改变的元素）则直到最终其变换位置定下后才填入。

还需要注意一点，变换时不需去考虑原矩阵中所对应的填充元。

按照以上原则，结合步骤（1）所确定的需要做行/列变换的行/列进行变换，最终确定的图5.2中稀疏矩阵A的经过后序遍历优化的重排序矩阵$\bar{A}$及相应的Cholesky分解因子阵$\bar{L}$的结构形式如图5.5所示，矩阵中各种符号的含义如前所述。

（3）根据调整后的新的矩阵生成相应的消去树。

采用与步骤(1)相似的方法定出重构过的稀疏矩阵的填充元并进一步求得重排序后所对应树的序列，如图 5.5 所示。

$$\bar{A}=\begin{array}{c}1\\2\\3\\4\\5\\6\\7\\8\\9\end{array}\left(\begin{array}{ccccccccc}a^1 & & & & & & & & \\ \times & e^2 & & & & \text{对} & & & \\ & & b^3 & & & & & & \\ & & \times & d^4 & & & & & \\ & \times & \times & & f^5 & & & \text{称} & \\ & & & & & c^6 & & & \\ & & & & & \times & g^7 & & \\ \times & & \times & \times & \times & & \times & h^8 & \\ & \times & & & \times & \times & \times & & i^9\end{array}\right)$$

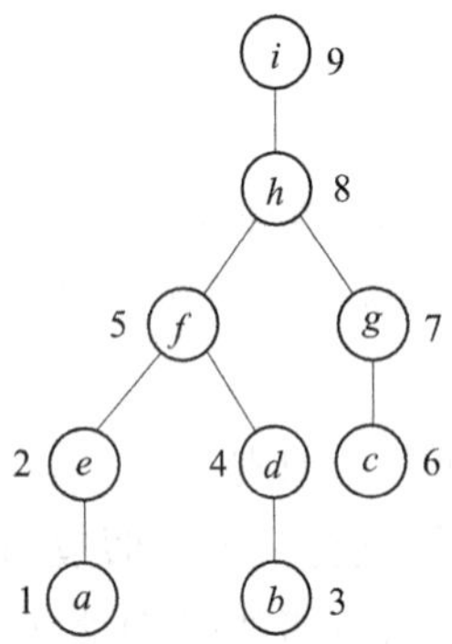

$$\bar{L}=\begin{array}{c}1\\2\\3\\4\\5\\6\\7\\8\\9\end{array}\left(\begin{array}{ccccccccc}a^1 & & & & & & & & \\ \times & e^2 & & & & \text{对} & & & \\ & & b^3 & & & & & & \\ & & \times & d^4 & & & & & \\ & \times & \times & \otimes & f^5 & & & \text{称} & \\ & & & & & c^6 & & & \\ & & & & & \times & g^7 & & \\ \times & \otimes & \times & \times & \times & & \times & h^8 & \\ & \times & & & \times & \times & \times & \otimes & i^9\end{array}\right)$$

图 5.5　稀疏矩阵 *A* 的后序遍历及重构过的矩阵和相应 Cholesky 分解因子阵

对于 A 的新的重排序序列，可以看出多波前法可以通过利用更新阵的栈而以一种有序的形式进行。Liu(1992)用一个形象的栈的形式进行了表述，如图 5.6 所示。

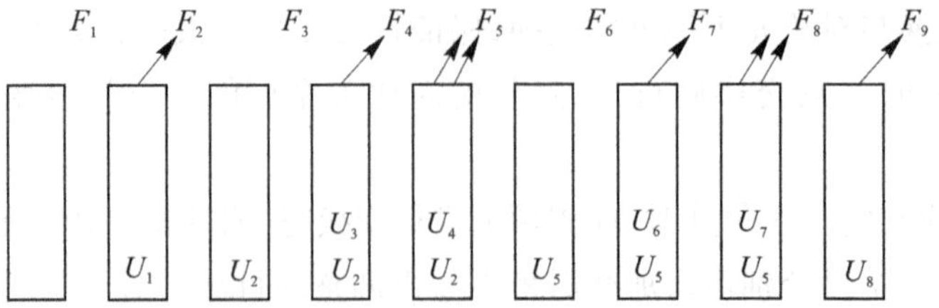

图 5.6　对应于图 5.5 中的后序遍历的栈中元素

图 5.6 解释了计算时每一步中栈的内容，图中，每个 F_j 左边的矩形表示波前阵 F_j 形成前栈中所含的元素，每个箭头表示一个更新阵从栈中弹出用以形成下一个波前阵，例如，F_5 的形成需要从栈中弹出两个更新阵，而 F_1、F_3、F_6 则不需要栈中的任何更新阵。当更新阵 U_j 从 F_j 形成后立即就压入了栈中，在压入操作后栈中的内容如 F_j 右边的矩形所示。

5.2.1.3　对后序遍历进行的优化

该步优化实际上是对同一父节点下的多个子节点的次序进行调整，以达到工作存储需求最小的目的。其主要通过由定理 4.1 而产生的算法 4.3 进行。也就是说，诸子节点按 $\max\{\mathrm{MinWstore}(c_i), |F_j|\} - |U_{c_i}|$ 的降序排列是最优的次序，其中，$c_i(1 \leq i \leq s)$ 是消去树中 j 节点的子节点；$|F_j|$、$|U_j|$ 分别表示波前阵 F_j 与更新阵 U_j 中非零元的个数（换句话说，就是所占用的存储空间大小）；$\mathrm{MinWstore}(j)$ 则表示执行与子树 $T[j]$ 相关的节点多波前法所要求的最小工作空间需求：

$$\mathrm{MinWstore}(j) = \max_{1 \leq k \leq s}\{\max\{\mathrm{MinWstore}(c_k), |F_j|\} + \sum_{i=1}^{k-1}|U_{c_i}|\}$$

对于 $|F_j|$ 与 $|U_j|$ 的计算，设 t 为第 j 列中非零元个数（包括对角元及填充元），则：

$$|F_j| = \frac{1}{2}t(t+1), |U_j| = \frac{1}{2}(t-1)t$$

1. 对 $|F_j|$ 与 $|U_j|$ 的计算

通过对图 5.5 中 Cholesky 分解因子阵 $\bar{L}$ 的观察，有：

$$当 j = 1 时, t = 3, 则 |F_1| = 6, |U_1| = 3$$

$$当 j = 2 时, t = 4, 则 |F_2| = 10, |U_2| = 6$$

同样，可得：

$$|F_3| = 10, |U_3| = 6; |F_4| = 6, |U_4| = 3;$$

$$|F_5| = 6, |U_5| = 3; |F_6| = 6, |U_6| = 3;$$

$$|F_7| = 6, |U_7| = 3; |F_8| = 3, |U_8| = 1;$$

$$|F_9| = 1, |U_9| = 0$$

2. 对 $\mathrm{MinWstore}(j)$ 的计算

（1）对于消去树中的叶节点的计算。

本例中叶节点为 1、3、6，则由

$$\mathrm{MinWstore}(j) = |F_j|$$

得：

$$\mathrm{MinWstore}(1) = |F_1| = 6, \mathrm{MinWstore}(3) = 10, \mathrm{MinWstore}(6) = 6$$

（2）对于 j 为非叶节点的情况。

①只有单个子节点的节点 2、4、7。

$$\mathrm{MinWstore}(2) = \max\{\mathrm{MinWstore}(1), |F_2|\} + 0 = 10$$

$$\mathrm{MinWstore}(4) = \max\{\mathrm{MinWstore}(3), |F_4|\} + 0 = 10$$

$$\mathrm{MinWstore}(7) = \max\{\mathrm{MinWstore}(6), |F_7|\} + 0 = 6$$

②有两个子节点的节点5、8。

对于节点5,其子节点为2,4,则有 $c_1 = 2, c_2 = 4$

$$
\begin{aligned}
\text{MinWstore}(5) &= \max\{k = 1 \text{时}, \max\{\text{MinWstore}(c_1), |F_5|\} + 0 \\
&\qquad k = 2 \text{时}, \max\{\text{MinWstore}(c_2), |F_5|\} + \sum_{i=1}^{2} |U_{c_i}|\} \\
&= \max\{k = 1 \text{时}, \max\{\text{MinWstore}(2), |F_5|\} + 0 \\
&\qquad k = 2 \text{时}, \max\{\text{MinWstore}(4), |F_5|\} + |U_2|\} \\
&= \max\{k = 1 \text{时}, \max\{10,6\} + 0 \\
&\qquad k = 2 \text{时}, \max\{10,6\} + 6\} \\
&= 16
\end{aligned}
$$

对于节点8,其子节点为5,7,则有 $c_1 = 5, c_2 = 7$

$$
\begin{aligned}
\text{MinWstore}(8) &= \max\{k = 1 \text{时}, \max\{\text{MinWstore}(c_1), |F_8|\} + 0 \\
&\qquad k = 2 \text{时}, \max\{\text{MinWstore}(c_2), |F_8|\} + \sum_{i=1}^{2} |U_{c_i}|\} \\
&= \max\{k = 1 \text{时}, \max\{\text{MinWstore}(5), |F_8|\} + 0 \\
&\qquad k = 2 \text{时}, \max\{\text{MinWstore}(7), |F_8|\} + |U_5|\} \\
&= \max\{k = 1 \text{时}, \max\{16,3\} + 0 \\
&\qquad k = 2 \text{时}, \max\{6,3\} + 3\} \\
&= 16
\end{aligned}
$$

③对于根节点9,有 $\text{MinWstore}(9) = \text{MinWstore}(8) = 16$,表示的是执行整个多波前法时所需的最小工作存储空间。也就是说,按这种顺序执行多波前法时所需的最小工作存储空间为16。

3. 对后序遍历的优化

实际上对于图5.2所示的例子来说,只要分别对其所对应的消去树中节点5、8的子树的 $\max\{\text{MinWstore}(c_i), |F_j|\} - |U_{c_i}|$ 进行计算、比较,然后按其值的降序排列即可。

对于节点5的子树 $T[2]$、$T[4]$,有:

$$
\begin{aligned}
T[2]: &\max\{\text{MinWstore}(c_i), |F_j|\} - |U_{c_i}| \\
&= \max\{\text{MinWstore}(2), |F_5|\} - |U_2| = \max\{10,6\} - 6 = 4 \\
T[4]: &\max\{\text{MinWstore}(c_i), |F_j|\} - |U_{c_i}| \\
&= \max\{\text{MinWstore}(4), |F_5|\} - |U_4| = \max\{10,6\} - 3 = 7
\end{aligned}
$$

由以上的计算结果,根据最优化后序遍历的理论,那么子树 $T[4]$ 所对应的节点应先于子树 $T[2]$ 所对应的节点被访问,也就是两者现有的顺序需要相互交换。

同样,对于节点 8 下的两个子树 $T[5]$、$T[7]$,有:

$$T[5]:\max\{\text{MinWstore}(5), |F_8|\} - |U_5| = \max\{16,3\} - 3 = 13$$

$$T[7]:\max\{\text{MinWstore}(7), |F_8|\} - |U_7| = \max\{6,3\} - 3 = 3$$

显然,节点 8 下的两个子树的顺序已经自然满足了,故不需做出调整。

4. 行列置换重构矩阵

根据上一步的结果,对节点 5 的子树 $T[2]$、$T[4]$ 即分别以 e、d 为根的子树进行交换调整,注意,不是对节点 5 的子节点 2、4 进行交换,而是对其子树进行调整交换。对于该例来说,实际上这一交换包含了两对节点的交换,即节点 2、4 和节点 1、3 的交换。通过与 5.2.1.2 小节第(2)步相似的交换操作而重构矩阵,并进一步确定出新矩阵的填充元,然后生成新的消去树。最终生成新的消去树,如图 5.7 所示。对该消去树的后序遍历就是图 5.5 中所给出消去树的最优化后序遍历序列,在该序列指导下进行的多波前法,其工作存储空间需求为最小。图 5.8 给出了这个最优化的后序遍历所对应的新的矩阵及其 Cholesky 分解因子阵的结构形式。

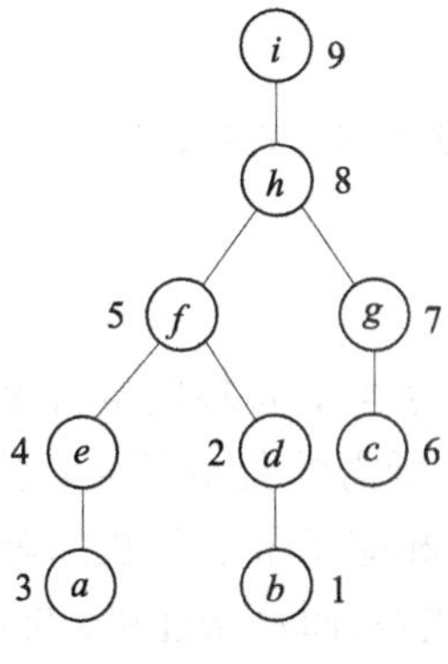

图 5-7　对应于图 5.5 中消去树的最优化后序遍历

通过计算,可以确定出这种新的后序遍历序列下执行多波前法时的最小工作空间需求为 13,而前面后序遍历的情况下则为 16;同时,对于原先自然顺序执行下的最小工作空间需求可以算得为 19。这样,经过优化使得执行多波前法时的最小工作空间需求减少了近 1/3,这对于成千上万阶的稀疏矩阵来说,节省的空间是相当可观的,由此可以看出重排序的效果。Liu(1986)给出了一些实际问题的试验结果,说明了在工作存储上的更实质性的节省,其中有些对工作空间需求的减少超过了 50% 。

这样,就完成了预处理阶段的工作。其结果是生成了指导多波前法进行集成、分解的消去树,按该消去树的后序遍历序列进行的多波前法所需的工作存储空间是最小的,进行矩阵数值分解时将按照该步所定出的顺序进行相应操作。

$$\bar{\bar{A}} = \begin{array}{c} 1\\2\\3\\4\\5\\6\\7\\8\\9 \end{array}\left(\begin{array}{ccccccccc}
b^1 & & & & & & & & \\
\times & d^2 & & & & \text{对} & & & \\
 & & a^3 & & & & & & \\
 & & \times & e^4 & & & & & \\
\times & & & \times & f^5 & & & \text{称} & \\
 & & & & & c^6 & & & \\
 & & & & & \times & g^7 & & \\
\times & \times & \times & & \times & & \times & h^8 & \\
 & & & \times & \times & \times & \times & & i^9
\end{array}\right)$$

$$\bar{\bar{L}} = \begin{array}{c} 1\\2\\3\\4\\5\\6\\7\\8\\9 \end{array}\left(\begin{array}{ccccccccc}
b^1 & & & & & & & & \\
\times & d^2 & & & & \text{对} & & & \\
 & & a^3 & & & & & & \\
 & & \times & e^4 & & & & & \\
\times & \otimes & & \times & f^5 & & & \text{称} & \\
 & & & & & c^6 & & & \\
 & & & & & \times & g^7 & & \\
\times & \times & \times & \otimes & \times & & \times & h^8 & \\
 & & & \times & \times & \times & \times & \otimes & i^9
\end{array}\right)$$

图 5.8 最优化后序遍历所对应的重排序矩阵及其 Cholesky 分解因子阵

5.2.2 数值分解

在预处理完成后,就可以以算法 4.1 为基础执行多波前法,从而求得分解因子矩阵。消去树提供了形成每个波前阵 F_j 所需的集成信息(也就是 j 节点所对应子节点的更新阵),F_j 则由式(4.16)整合 A_{*j} 和相应子节点的更新阵而算得。实际上,在消去树中,若每个节点 j 都由其相应波前阵 F_j 代替,而每条连接 j 与其父节点的边则标上更新阵 U_j,那么多波前法的整个集成/分解过程就可以方便地用树来表达。例如,对于图 5.8 中的矩阵其相应的集成/分解树形结构可表示成如图 5.9 所示的形式。

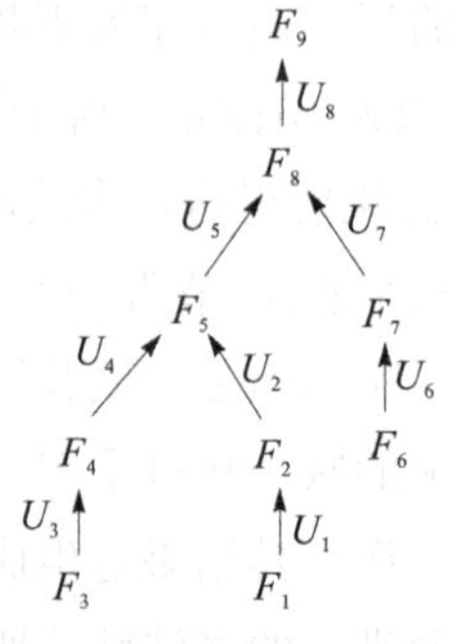

图 5.9 相应于图 5.7 中所示矩阵的集成/分解树形结构

集成过程是由该节点的子节点更新阵及原矩阵该节点所在列通过扩充相加运算而成的，结果得到该节点的波前阵。而一旦集成完成，则马上对该波前阵执行分解操作，分解采用 Submatrix-Cholesky 法进行，结果得到该列的 Cholesky 分解因子向量及该节点的更新阵，Cholesky 分解因子向量写入辅助存储器中，而更新阵则压入栈中以待后用，这样就完成了相应的分解过程。同样，可求得该节点兄弟节点的 Cholesky 分解因子向量及更新阵，在其所有兄弟节点的计算完成后，就把这些更新阵向父节点集成。这样不断重复，直到根节点的分解完成为止。

该数值分解采用第 4 章中的算法 4.1 进行，也就是“用波前阵、更新阵表示的 Cholesky分解法”，这里不再详述。其中，设第 j 列非零元的行号分别是 $j,i_1,i_2,\cdots,i_r$，共 $r+1$ 个非零元；同时，消去树中 j 节点的子节点分别为 $c_1,c_2,\cdots,c_s$，共 s 个。在执行该算法时的一些细节或需要注意的事项是：

(1)在该算法进行时，执行顺序虽然也是从第 1 列到第 n 列，但这时矩阵结构已按优化的后序遍历顺序进行了调整，也就是执行顺序实际上是以消去树的优化后序遍历为指导而进行的。

(2)关于集成波前阵 F_j 的具体操作。

①若节点 j 为消去树中的叶节点，那么 F_j 直接由原稀疏矩阵 A 的第 j 列非零元构成，即：

$$F_j = A_{*j}$$

②若节点 j 为非叶节点，则有：

$$F_j = A_{*j} + \sum_{i=1}^{s} U_{c_i}$$

其中，“+”为扩充相加运算符，$c_i(1\leqslant i\leqslant s)$ 为节点 j 的子节点。也就是说，此时，F_j 由原稀疏矩阵 A 的第 j 列非零元与 j 的子节点的更新阵扩充相加而得。

③关于扩充相加运算。在执行该运算时，首先可以定出 F_j 为 $(r+1)\times(r+1)$ 阶的稠密阵，r 为第 j 列非对角非零元的个数，$(r+1)$ 为第 j 列的非零元数目。当然，由于是对称阵的缘故，运算中将只对波前阵 F_j 的下三角部分进行处理，所以下面提到的 F_j 指的是 $(r+1)$ 阶的下三角稠密阵；然后，对于 j 的子节点的更新阵 $U_{c_i}(1\leqslant i\leqslant s)$，则把其中的非零元累加到 F_j 的相应位置中即可，这里相应位置是指具有相同行列索引的位置。

(3)关于对波前阵 F_j 进行 Submatrix-Cholesky 法进行分解。

波前阵 F_j 一旦形成，就可以立即对其用 Submatrix-Cholesky 法进行分解，其分解过程为（设 F_j 最终分解为 L_j，即有 $F_j = L_jL_j^{\mathrm{T}}$）：

①对 a_{jj}，有：

$$l_{jj} = \sqrt{a_{jj}}$$

②对于 $a_{ij}, i\in \mathrm{col}(j) = \{i_1,i_2,\cdots,i_r\}$，有：

$$l_{ij} = a_{ij}/l_{jj}$$

③对于 $a_{ik}, i,k\in \mathrm{col}(j)$，则有：

$$l_{ik} = a_{ik} - l_{ij}l_{kj} = a_{ik} - a_{ij}a_{kj}/a_{jj}$$

这些其实就是 U_j 的诸元素。

这样,就用 Submatrix-Cholesky 法完成了对 F_j 的分解。

该步骤用分块矩阵进行更直观的表达如下:

$$F_j = \begin{pmatrix} d & \vec{v}^{\mathrm{T}} \\ \vec{v} & C \end{pmatrix} = \begin{pmatrix} \sqrt{d} & 0 \\ \vec{v}/\sqrt{d} & I \end{pmatrix} \begin{pmatrix} I & 0 \\ 0 & C - \vec{v}\,\vec{v}^{\mathrm{T}}/d \end{pmatrix} \begin{pmatrix} \sqrt{d} & \vec{v}^{\mathrm{T}}/\sqrt{d} \\ 0 & I \end{pmatrix}$$

其中,$d = a_{jj}$;$\vec{v}$ 为 r 阶向量 $(a_{i_1,j}, a_{i_2,j}, \cdots, a_{i_r,j})^{\mathrm{T}}$;$C$ 为 F_j 去掉首行首列后所余的子矩阵,其实分解后得到的 $C - \vec{v}\,\vec{v}^{\mathrm{T}}/d$ 就是更新阵 U_j;F_j 是下三角阵。

5.2.3 回代求解

经过预处理产生了优化的后序遍历序列,然后在后序遍历序列指导下进行波前阵的数值分解,从而求得各节点的 Cholesky 分解因子阵,接下来就是本节所述的对线性方程组的求解。相比而言,求解过程是比较简单的。

若设要对线性方程组 $A\vec{x} = \vec{b}$ 进行求解,又设对方程系数阵 A 进行了 Cholesky 分解,即有 $A = LL^{\mathrm{T}}$,那么原方程组可表示为 $LL^{\mathrm{T}}\vec{x} = \vec{b}$。

令 $L^{\mathrm{T}}\vec{x} = \vec{y}$,则 $L\vec{y} = \vec{b}$;因 Cholesky 分解因子阵 L 已求得,故可以对 $L\vec{y} = \vec{b}$ 执行向前回代,即可求得向量 $\vec{y}$ 的值;然后对 $L^{\mathrm{T}}\vec{x} = \vec{y}$ 进行向后回代,就可求得向量 $\vec{x}$ 的值,即原方程组的解。

5.2.4 多波前法实施时的存储策略及数据结构

对于多波前法的实施来说,前面三步(预处理、数值分解和回代求解)已经很完备地实现了,但如若在计算机上实现,则必须考虑其存储策略问题。实际上,存储策略问题包含两方面的内容:一种就是第 3 章中所讲的对稀疏矩阵的存储安排,即利用稀疏矩阵的稀疏性,只对稀疏矩阵中非零元进行存储,但同时兼顾对稀疏矩阵进行运算时的方便性,或者说是对稀疏矩阵数据结构的安排,其目的是减少存储空间;另一种则是稀疏矩阵运算时如何对存储空间进行管理,合理、充分地利用有限的主存资源,尽量重复利用主存中已有的数据,提高其利用效率,减少不必要的 I/O 交换,从而达到节省时间的目的。而且两者并非是孤立的,因为前者是后者的基础,后者则是前者的更高形式表现。

具体到多波前法来说,我们可以通过实施过程中对矩阵的各种需求运算而来确定采用何种数据结构比较合适。首先,考查所给定的原始稀疏矩阵,由于只把原稀疏矩阵作为数据的提供者,不需要做深层次上的计算,对其的一些操作主要集中在预处理阶段,一是生成优化后序遍历过程中进行的行/列交换,二是构造消去树时对原矩阵中插入填充元。这两种操作均涉及对原矩阵结构的改变,参考第 3 章中关于数据结构安排的讨论,则采用双链表(又称为十字链表(严蔚敏等,1997))来对原矩阵结构进行描述比较合适。又因本书所讨论的稀疏矩阵为对称的,故双链表可进一步简化为列链表(刘晓明,1998)。

多波前法中的矩阵运算除了对原矩阵的操作,更多的则是对波前阵 F_j 和更新阵 U_j 的操作。现对两者的主要操作进行分析,在多波前法中,更新阵集成到波前阵,波前阵又分解而生成更新阵;两者在消去树指导下的相互转换,构成了多波前法的核心。在这相互转变中,包含了以下两种主要的矩阵运算:集成阶段的矩阵扩充相加运算和分解阶段的 Submatrix-Cholesky 运算。这两种运算都使一些非零元的位置和个数发生了改变,并且还要求能方便快速地访问非零元,这样,采用双链表的数据结构比较合适。同样,因为对称性,可简化为列链表的形式。

这样,通过讨论,用简化的双链表——列链表来描述多波前法中的数据结构是合适的。

多波前法中由于采用了后序遍历的顺序来指导整个集成、消去过程,因此很自然地用到了栈这一数据结构来对执行中的存储进行管理。Rothberg et al.(1993)建议在多波前法中使用两个栈而非一个栈来进行相应操作计算,并通过交错使用两者使得在树指导下连续进行多波前法时,父节点均能从另一个栈中集成相应更新阵到其所处的栈中,从而避免了把更新阵复制到栈顶的需要。Damhaug(1999)在此基础上对波前阵和更新阵的存储管理做了进一步的提高。其把对波前阵的存储分为两部分:一部分就是把主元所在行/列的元素直接存储在用来存放相应三角分解因子阵的位置;另一部分(会变为更新阵的部分或者波前阵去掉了首行/列的部分)则存储在其中一个栈的栈顶,而子节点则从另一个栈的栈顶被集成(也就是说,另一个栈的栈顶存放的即为子节点的更新阵)。

本书将采用类似的数据结构对波前阵/更新阵进行管理,图 5.10 给出了该数据结构(在一个阵列中有两个栈及 Cholesky 分解因子阵)的图示。该阵列的第一部分存储的是已完成消元分解的 L 的列元素,该部分边界总是向右移动的,阵列最后的部分为一个栈,其栈顶在左边并可以向左边移动,居于中间的是另一个栈,其栈顶亦在左边。在两个栈的栈顶均有一定的空间,如图 5.10 中空白部分所示。在分解进行时,这些空间可能会变得很小,这时 L 中左边的一些数据要移入磁盘,而余下的则向左边移动;而对于栈来说,其数据从其栈底移出并存储。当然,当求解过程中需要这些数据时,则从辅存中读出即可;同时,栈的活动边界将向右边移动。因此,这两个栈将需要不时地移来移去。

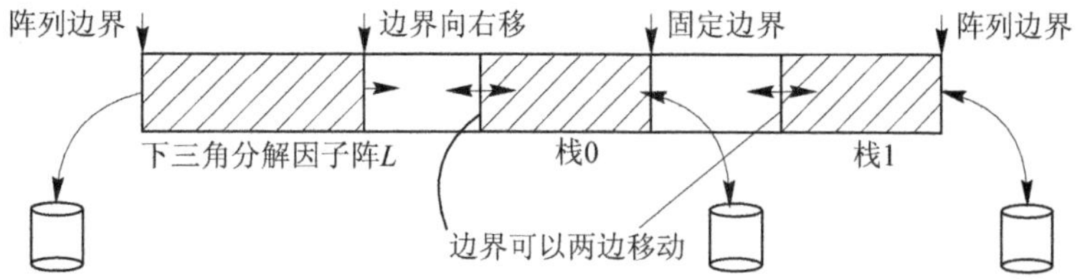

图 5.10　分解因子阵及两个栈在阵列中的分配

5.3 本章小结

本章通过一个抽象的例子详细就多波前法实施的具体过程进行了研究。首先就如何构造消去树,如何对消去树进行调整优化,以使多波前法进行时所需存储及运算步骤最少做了深入探讨。然后进一步给出了在消去树指导下进行多波前法的集成/分解操作时的一些注意事项。同时,设计了一些算法去具体实现多波前法各步的功能,并讨论了在计算机上实现多波前法时对存储策略的选择以及对存储管理的一些优化。通过本章的讨论,对多波前法的实施、实现过程会有一个全景式的把握。

第 6 章 数值算例

在第 4、5 章分别对多波前法的理论和实施过程研究后,本章将给出一个具体的数值例子来进一步说明该方法,同时该例将对上一章的部分内容如数值分解、回代求解部分构成补充。另外,还将对多波前法的程序实现予以讨论。

6.1 算例分析

6.1.1 问题的描述

我们将讨论一个来自集成电路中纯电阻型立体电路分析的问题(袁慰平等,1992)。

随着集成电路的飞速发展,大规模、超大规模集成电路不断更新换代,原先在平面上提高集成电路集成度的方法已不能适应当今发展的需要,因而人们开始把研究目标转向立体结构,也就是努力把集成电路做成多层结构,以提高集成度,从而实现高速度、小体积、小功耗的目标。

用计算机对集成电路的性能指标进行分析已有 20 余年的历史,但大多是对一些简单的小电路或某一电路的局部进行分析,而且只是二维的情况。本问题将对三维空间多层结构进行数值分析。为简化问题,只对纯电阻的多层结构进行研究,我们考虑如图 6.1 所示的网络。

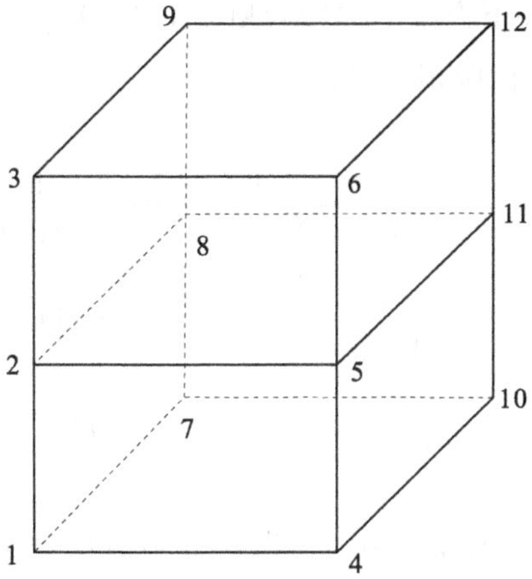

图 6.1 纯电阻多层结构网络图

假设如下:

(1)每一线段表示一纯电阻,线段交点处作为连接点;

(2)用(i,j)表示节点 i 与 j 之间的电阻,当 i 与 j 之间不直接相连时,表示 i 与 j 之间的直接电阻为∞;

(3)节点 1 处外接电源地线,电源正极接在节点 12 处;

(4)电源电压为 ε。

要求对此电路中各个节点的电位进行计算。

6.1.2 数学模型

设各节点电位为 $V_i(i=1,2,\cdots,12)$,显然:

$$V_1=0,V_{12}=\varepsilon$$

由电路分析中的节点法,可写出此电路所对应的方程组:

$$A\vec{V}=\vec{b}$$

其中,$\vec{V}=(V_2,V_3,\cdots,V_{11})^{\mathrm{T}}$ 为节点电位,$\vec{b}=(b_2,b_3,\cdots,b_{11})^{\mathrm{T}}$ 为节点电流,而

$$A=\begin{pmatrix} a_{2,2} & a_{2,3} & \cdots & a_{2,11} \\ a_{3,2} & a_{3,3} & \cdots & a_{3,11} \\ \vdots & \vdots & & \vdots \\ a_{11,2} & a_{11,3} & \cdots & a_{11,11} \end{pmatrix}$$

为 10 阶的方阵,其元素按如下方法填写(对纯电阻而言)。

当节点 i 与 $i_1,i_2,\cdots,i_j$ 直接相连时:

$$a_{ii}=\frac{1}{(i,i_1)}+\frac{1}{(i,i_2)}+\cdots+\frac{1}{(i,i_j)}$$

$$a_{ij}=-\frac{1}{(i,j)}\quad(i,j=2,3,\cdots,11)$$

$$b_i=\frac{\varepsilon}{(12,i)}\quad(i=2,3,\cdots,11)$$

因为与节点 12 直接相连的只有节点 6,9,11,因此只有(12,6),(12,9),(12,11)三项不为∞,故 b_i 中只有 b_6,b_9,b_{11} 不为 0,其余 b_i 均为 0。

为简单起见,设每个线段电阻值为 1 kΩ,电源为 +5 V,则:

$$b_6 = b_9 = b_{11} = 5(\mathrm{mA})$$

$$a_{ii} = i \quad (i = 2,3,\cdots,11)$$

$$a_{ij} = \begin{cases} -1, \text{节点 } i,j \text{ 直接相连} \\ 0, \text{节点 } i,j \text{ 不直接相连} \end{cases} \quad (i,j = 2,3,\cdots,11)$$

具体方程组如图 6.2 所示。

$$\begin{pmatrix}
4 & -1 & & -1 & & & -1 & & & \\
-1 & 3 & & & -1 & & & -1 & & \\
& & 3 & -1 & & & & & -1 & \\
-1 & & -1 & 4 & -1 & & & & & -1 \\
& -1 & & -1 & 3 & & & & & \\
& & & & & 3 & -1 & & -1 & \\
-1 & & & & & -1 & 4 & -1 & & -1 \\
& -1 & & & & & -1 & 3 & & \\
& & -1 & & & -1 & & & 3 & -1 \\
& & & -1 & & & -1 & & -1 & 4
\end{pmatrix}
\begin{pmatrix} V_2 \\ V_3 \\ V_4 \\ V_5 \\ V_6 \\ V_7 \\ V_8 \\ V_9 \\ V_{10} \\ V_{11} \end{pmatrix}
=
\begin{pmatrix} 0 \\ 0 \\ 0 \\ 0 \\ 5 \\ 0 \\ 0 \\ 5 \\ 0 \\ 5 \end{pmatrix}$$

图 6.2　该立体电路分析问题相应的稀疏线性方程组

注意,由于节点 1 接地,$V_1 = 0$,因此对于系数矩阵 $A = (a_{ij})$,其元素 a_{ij} 的足码 i,j 从 2 开始 $(i,j = 2,3,\cdots,11)$。

对于该 10×10 阶的稀疏线性化方程组,将采用本书所研究的多波前法进行求解。下面将根据第 5 章所讨论的多波前法的实施步骤,给出该纯电阻型立体电路分析问题相应的稀疏线性方程组的具体求解过程。

6.1.3　以减少填入量(fill-in)为目的的优化

对于本书来说,该步是透明的,因为假定了所操作的稀疏矩阵已经进行过该步的优化,即已经进行过以减少填入量为目的的优化。但这并不是说该优化步骤是可以忽略的,恰恰相反,对于稀疏线性化方程组的求解来说该步优化的意义重大,甚至是不可或缺的。而作此假设的目的一是为了突出多波前法这一主题,二是为了简化问题。

对于该问题,由于其相应的稀疏矩阵是对称正定(SPD)、对角占优的,直接选对角元做主元就能保证求解过程的数值稳定性,所以只进行以减少填入量为目的的优化,采用的优化策略是最小自由度法。具体过程略,最后得到经过优化过的稀疏线性方程组,以及相应系数矩阵 A',如图 6.3 所示。

$$
\begin{pmatrix}
3 & & & & & -1 & & & -1 & \\
 & 3 & & & -1 & & & & -1 & \\
 & & 3 & & & -1 & & -1 & & \\
 & & & 3 & -1 & & & -1 & & \\
 & -1 & & -1 & 3 & & & & & -1 \\
-1 & & -1 & & & 3 & -1 & & & \\
 & & & & & -1 & 4 & & & \\
 & & -1 & -1 & & & -1 & 4 & & -1 \\
-1 & -1 & & & & & -1 & & 4 & -1 \\
 & & & & -1 & & & -1 & -1 & 4
\end{pmatrix}
\begin{pmatrix} V_4 \\ V_6 \\ V_7 \\ V_9 \\ V_3 \\ V_{10} \\ V_{11} \\ V_8 \\ V_5 \\ V_2 \end{pmatrix}
=
\begin{pmatrix} 0 \\ 5 \\ 0 \\ 5 \\ 0 \\ 0 \\ 5 \\ 0 \\ 0 \\ 0 \end{pmatrix}
$$

$$
A' = \begin{array}{c|cccccccccc}
 & 1 & 2 & 3 & 4 & 5 & 6 & 7 & 8 & 9 & 10 \\
\hline
1 & 3 & & & & & & & & & \\
2 & 0 & 3 & & & & \text{对} & & & & \\
3 & 0 & 0 & 3 & & & & & & & \\
4 & 0 & 0 & 0 & 3 & & & & & & \\
5 & 0 & -1 & 0 & -1 & 3 & & & & \text{称} & \\
6 & -1 & 0 & -1 & 0 & 0 & 3 & & & & \\
7 & 0 & 0 & 0 & 0 & 0 & -1 & 4 & & & \\
8 & 0 & 0 & -1 & -1 & 0 & 0 & -1 & 4 & & \\
9 & -1 & -1 & 0 & 0 & 0 & 0 & -1 & 0 & 4 & \\
10 & 0 & 0 & 0 & 0 & -1 & 0 & 0 & -1 & -1 & 4
\end{array}
$$

图 6.3　经最小自由度法优化过的稀疏线性方程组及其相应系数矩阵 A'

6.1.4　构造消去树

根据算法 5.1 可以方便快速地定出稀疏矩阵在 Cholesky 法分解过程中产生的填入元，从而可以确定稀疏矩阵相应的 Cholesky 因子阵 L'的结构形式（只是表示非零元与零元间的关系，其中数字无实际意义）。此处略去该算法执行的具体过程，所得 A' 的 Cholesky因子阵 L'的结构形式如图 6.4 所示，图中“ ⊗ ”所在位置对应的就是分解过程中产生的填入元的位置。

从图 6.4 中可以看出，在执行 Cholesky 分解法时矩阵 A' 将产生 2×5 个填入元。值得注意的是，若按原先的稀疏矩阵 A 执行 Cholesky 分解法，产生的填入元数量为 2×12 个，也就是说，经过优化后填入元的数量减少了 58%，这种减少是相当可观的，并且对于保持矩阵的稀疏性及节约存储意义非凡，特别是对于一些大型或巨型的稀疏矩阵。通过该例子也从一个方面看出在求解稀疏线性化方程组时，执行以减少填入量 fill-in 为目的的优化如最小自由度法的重要性。

L' =

	1	2	3	4	5	6	7	8	9	10
1	3									
2	0	3				对				
3	0	0	3							
4	0	0	0	3						
5	0	−1	0	−1	3				称	
6	−1	0	−1	0	0	3				
7	0	0	0	0	0	−1	4			
8	0	0	−1	−1	⊗	⊗	−1	4		
9	−1	−1	0	0	⊗	⊗	−1	⊗	4	
10	0	0	0	0	−1	0	0	−1	−1	4

图 6.4　稀疏矩阵 A' 所对应的 Cholesky 因子阵 L' 的结构形式

在定出 L'的结构后，就可构造其相应的消去树。

通过第 4 章关于消去树中父子节点关系的定义，易得各节点（行/列）的父节点为：

parent(1) =6；parent(2) =5；parent(3) =6；parent(4) =5；parent(5) =8；

parent(6) =7；parent(7) =8；parent(8) =9；parent(9) =10

根据这些求得的父子节点的相关关系，就可构造出相应的消去树了。L' 的消去树如图 6.5 所示，其中代表各节点的数字编号（圆圈中的数字）分别对应于 L' 中相应的行/列号，而这些序号也是按自然顺序进行消元时所对应的执行序列。

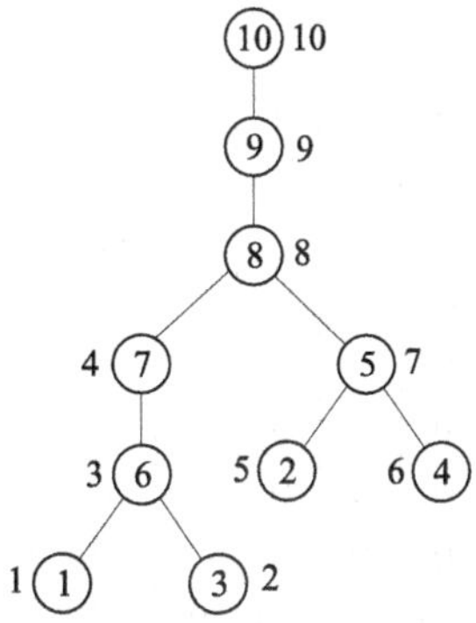

图 6.5　稀疏矩阵 A' 所对应的消去树

6.1.5　对消去树进行后序遍历（postordering）以减少存储需求

图 6.5 所示消去树的后序遍历序列为{1,3,6,7,2,4,5,8,9,10}，图中节点旁边的数

字给出了其后序遍历序列的次序。注意,这里的数字代表的是稀疏矩阵 A' 中的行/列号。执行多波前法的分解步骤时将按上述后序遍历序列的顺序进行,新的执行顺序要求对原来矩阵的结构进行相应调整,也就是进行相应的行列置换,比较原来按自然顺序执行多波前法时的序列{1,2,3,4,5,6,7,8,9,10}可知,需要做出调整进行相应行列交换的节点(行/列)集合为{2,3,4,5,6,7},而具体进行交换的行/列分别是 2↔5,5↔7,7↔4,4↔6,6↔2,3↔2,其余 1、8、9、10 所在行/列不需交换。符号"↔"的含义是互换其两端数字所代表的原矩阵中的行/列,注意,这里的行/列是指原矩阵中的而非调整中的新矩阵的。

在定出需要做出交换的行/列后,就可按照第 5 章中关于交换时的相应原则执行上述行列置换,具体过程略。

最终确定的经过后序遍历优化过的稀疏线性化方程组及稀疏矩阵 A' 的重排序矩阵 $\overline{A'}$ 如图 6.6 所示。

$$
\begin{pmatrix}
3 & & -1 & & & & & & -1 & \\
 & 3 & -1 & & & & & -1 & & \\
-1 & -1 & 3 & -1 & & & & & & \\
 & & -1 & 4 & & & & -1 & -1 & \\
 & & & & 3 & & -1 & & -1 & \\
 & & & & & 3 & -1 & -1 & & \\
 & & & & -1 & -1 & 3 & & & -1 \\
 & -1 & & -1 & & -1 & & 4 & & -1 \\
-1 & & & -1 & -1 & & & & 4 & -1 \\
 & & & & & & -1 & -1 & -1 & 4
\end{pmatrix}
\begin{pmatrix} V_4 \\ V_7 \\ V_{10} \\ V_{11} \\ V_6 \\ V_9 \\ V_3 \\ V_8 \\ V_5 \\ V_2 \end{pmatrix}
=
\begin{pmatrix} 0 \\ 0 \\ 0 \\ 5 \\ 5 \\ 5 \\ 0 \\ 0 \\ 0 \\ 0 \end{pmatrix}
$$

$$
\overline{A'} =
\begin{array}{c|cccccccccc}
 & 1 & 2 & 3 & 4 & 5 & 6 & 7 & 8 & 9 & 10 \\
\hline
1 & 3 & & & & & & & & & \\
2 & 0 & 3 & & & & \text{对} & & & & \\
3 & -1 & -1 & 3 & & & & & & & \\
4 & 0 & 0 & -1 & 4 & & & & & & \\
5 & 0 & 0 & 0 & 0 & 3 & & & & \text{称} & \\
6 & 0 & 0 & 0 & 0 & 0 & 3 & & & & \\
7 & 0 & 0 & 0 & 0 & -1 & -1 & 3 & & & \\
8 & 0 & -1 & 0 & -1 & 0 & -1 & 0 & 4 & & \\
9 & -1 & 0 & 0 & -1 & -1 & 0 & 0 & 0 & 4 & \\
10 & 0 & 0 & 0 & 0 & 0 & 0 & -1 & -1 & -1 & 4
\end{array}
$$

图 6.6 经后序遍历优化过的稀疏线性方程组及其相应系数矩阵 $\overline{A'}$

然后根据调整过的重排序矩阵 $\overline{A'}$ 重新确定填充元,可得 $\overline{A'}$ 相应的 Cholesky 分解因子

阵 $\overline{L'}$ 的结构形式，如图 6.7 所示，其中，图中“ $\otimes$ ”表示的是分解过程中产生的填入元。进一步可构造出新矩阵 $\overline{A'}$ 相应的消去树，如图 6.8 所示，图中各节点旁边括号内的数字表示的是该节点原来在矩阵 A' 中的位置，即行/列号。

	1	2	3	4	5	6	7	8	9	10
1	3									
2	0	3				对				
3	-1	-1	3							
4	0	0	-1	4						
5	0	0	0	0	3				称	
6	0	0	0	0	0	3				
7	0	0	0	0	-1	-1	3			
8	0	-1	$\otimes$	-1	0	-1	$\otimes$	4		
9	-1	0	$\otimes$	-1	-1	0	$\otimes$	$\otimes$	4	
10	0	0	0	0	0	0	-1	-1	-1	4

$\overline{L'}=$ (上表)

图 6.7　稀疏矩阵 $\overline{A'}$ 所对应的 Cholesky 分解因子阵 $\overline{L'}$ 的结构形式

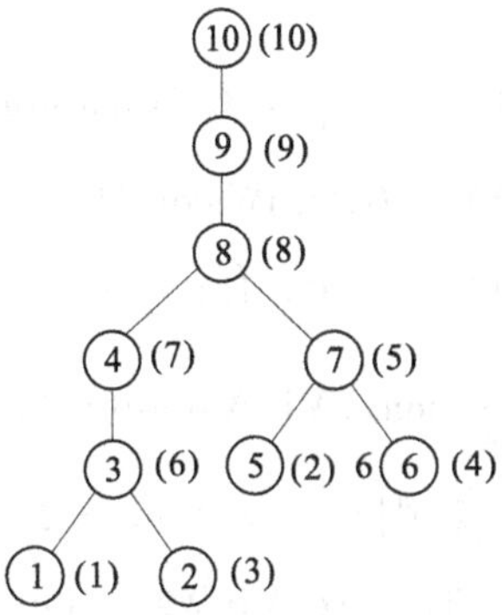

图 6.8　稀疏矩阵 $\overline{A'}$ 所对应的消去树

6.1.6　对后序遍历序列进行的优化

该步优化的目的是让多波前法进行时所需的工作存储空间最小，该步是通过对同一节点下子节点次序进行调整而实现的。调整是按定理 4.1 所规定的原则进行的，最优的次序是各子节点按其 $\max\{\mathrm{MinWstore}(c_i), |F_j|\} - |U_{c_i}|$ 的降序排列。

6.1.6.1　对各节点 $|F_j|$ 与 $|U_j|$ 的计算

对于 $|F_j|$ 与 $|U_j|$ 的计算，设 t 为第 j 列中非零元个数（包括对角元及填充元），则：

$$|F_j| = \frac{1}{2}t(t+1), |U_j| = \frac{1}{2}(t-1)t$$

通过对图 6.7 中 Cholesky 分解因子阵的观察,有:

$$\text{当}\ j=1\ \text{时},t=3,\text{则}\ |F_1|=6,|U_1|=3$$

$$\text{当}\ j=2\ \text{时},t=3,\text{则}\ |F_2|=6,|U_2|=3$$

同样,可得:

$$|F_3|=10,|U_3|=6;|F_4|=6,|U_4|=3;|F_5|=6,|U_5|=3;$$

$$|F_6|=6,|U_6|=3;|F_7|=10,|U_7|=6;|F_8|=6,|U_8|=3;$$

$$|F_9|=3,|U_9|=1;|F_{10}|=3,|U_{10}|=1$$

6.1.6.2 对 MinWstore(j) 的计算

(1)对于叶节点j,本例中为 1、2、5、6,有:

$$\text{MinWstore}(j)=|F_j|$$

从而:

$$\text{MinWstore}(1)=|F_1|=6;\text{MinWstore}(2)=6;$$

$$\text{MinWstore}(5)=6;\text{MinWstore}(6)=6$$

(2)对于消去树中的非叶节点j的情况,有:

$$\text{MinWstore}(j)=\max_{1\leqslant k\leqslant s}\{\max\{\text{MinWstore}(c_k),|F_j|\}+\sum_{i=1}^{k-1}|U_{c_i}|\}$$

①对于节点 3,其子节点为 1、2,则有 $c_1=1,c_2=2$,那么:

$$\begin{aligned}\text{MinWstore}(3)&=\max\{k=1\ \text{时},\max\{\text{MinWstore}(c_1),|F_3|\}+0\\&\qquad k=2\ \text{时},\max\{\text{MinWstore}(c_2),|F_3|\}+\sum_{i=1}^{2-1}|U_{c_i}|\}\\&=\max\{k=1\ \text{时},\max\{\text{MinWstore}(1),|F_3|\}+0\\&\qquad k=2\ \text{时},\max\{\text{MinWstore}(2),|F_3|\}+|U_1|\}\\&=\max\{k=1\ \text{时},\max\{6,10\}+0\\&\qquad k=2\ \text{时},\max\{6,10\}+3\}\\&=13\end{aligned}$$

②对于节点 4,其只有一个子节点 3,即 $c_1=3$,则有:

$$\begin{aligned}\text{MinWstore}(4)&=\max\{\max\{\text{MinWstore}(c_1),|F_4|\}+0\}\\&=\max\{\text{MinWstore}(3),|F_4|\}\\&=13\end{aligned}$$

③同样，对于节点 7、8、9 利用相似的方法，可以算得其 MinWstore(j) 分别为：

$$\text{MinWstore}(7)=13;\text{MinWstore}(8)=16;\text{MinWstore}(9)=16$$

④而对于根节点 10，则有 MinWstore(10) = MinWstore(9) = 16，其表示的是执行整个多波前法时所需的最小工作存储空间。也就是说，按这种顺序执行多波前法时所需的最小工作存储空间为 16。

6.1.6.3　对后序遍历的优化

实际上，对图 6.2 所示的例子来说，通过观察其经过初步优化的消去树（如图 6.8 所示）可知，只要分别对树中的节点 3、7、8 的子树的 $\max\{\text{MinWstore}(c_i),|F_j|\}-|U_{c_i}|$ 进行计算、比较，然后按其值的降序排列即可。

对于节点 3 的子树 $T[1]$、$T[2]$，有 $c_i(i\in\{1,2\})$，即 $c_1=1,c_2=2$。

$$\begin{aligned} i=1,T[1]:&\max\{\text{MinWstore}(c_i),|F_j|\}-|U_{c_i}|\\ &=\max\{\text{MinWstore}(1),|F_3|\}-|U_1|\\ &=\max\{6,10\}-3=7 \end{aligned}$$

$$\begin{aligned} i=2,T[2]:&\max\{\text{MinWstore}(c_i),|F_j|\}-|U_{c_i}|\\ &=\max\{\text{MinWstore}(2),|F_3|\}-|U_2|\\ &=\max\{6,10\}-3=7 \end{aligned}$$

由以上的计算结果，根据最优化后序遍历的理论，那么节点 3 下的两个子树的顺序已经自然满足了，故不需进一步做出调整。

同样，对于节点 7 下的两个子树 $T[5]$、$T[6]$，有：

$T[5]:\max\{\text{MinWstore}(5),|F_7|\}-|U_5|=\max\{6,10\}-3=7$

$T[6]:\max\{\text{MinWstore}(6),|F_7|\}-|U_6|=\max\{6,10\}-3=7$

而对于节点 8 下的两个子树 $T[4]$、$T[7]$，有：

$T[4]:\max\{\text{MinWstore}(4),|F_8|\}-|U_4|=\max\{13,6\}-3=10$

$T[7]:\max\{\text{MinWstore}(7),|F_8|\}-|U_7|=\max\{13,6\}-6=7$

显然，节点 7、8 下的两个子树的顺序已经自然满足了，也就不需做出调整了。

经过该步的计算可知，现有矩阵 $\overline{A'}$ 所对应的消去树的后序遍历序列已经是最优的，不需对节点的顺序做出调整，对应于矩阵 $\overline{A'}$ 来说，就是不需进行相应的行列置换。这样，经过以上各步骤的处理、计算，就完成了多波前法的预处理步骤的操作，而随后进行的矩阵数值分解将按照该步所定出的消去树的后序遍历序列顺序进行相应操作。

6.1.7 数值分解

多波前法中的数值分解操作以算法4.1为基础,该步是多波前法的核心。该步操作在消去树的指导下(就是按照消去树的后序遍历序列顺序),通过不断由子节点的更新阵集成形成父节点的波前阵,然后通过对波前阵进行 Submatrix-Cholesky 分解而得到相应的分解因子向量及更新阵,重复这些操作,从而完成对整个稀疏矩阵的分解。对于本例,将通过对图6.8中消去树的几个典型节点的具体实施过程来说明该算法。这几个典型节点是1、4、7,因为节点1是叶节点,节点4是具单个子节点的节点,而7节点则为具有两个子节点的节点。

按图6.8中消去树的后序遍历顺序执行多波前法的分解操作。

6.1.7.1 对于节点1

(1)形成节点1的波前阵 F_1。

由于节点1是叶节点,故其波前阵可由矩阵 $\overline{A'}$ 直接给出(这里给出的是只包含其非零元所在行/列的紧凑形式,非零元所在行/列号分别在矩阵的上部和前部标出,下同):

$$F_{j=1}=A_{*j}=A_{*1}=\begin{array}{c} \\ 1\\ 3\\ 9 \end{array}\begin{array}{c} \begin{array}{ccc} 1 & 3 & 9 \end{array}\\ \left(\begin{array}{ccc} 3 & -1 & -1\\ -1 & 0 & 0\\ -1 & 0 & 0 \end{array}\right)\end{array}$$

其中,上标和前标的1、3、9所表示的就是矩阵 $\overline{A'}$ 中第一行/列中的非零元所在的行/列号。

(2)对波前阵 F_1 执行 Submatrix-Cholesky 分解。

经计算可得(关于 Submatrix-Cholesky 的具体操作可参考第4章相关内容):

$$F_1=LL^{\mathrm{T}}=\begin{array}{c} \\ 1\\ 3\\ 9 \end{array}\begin{array}{c} \begin{array}{ccc} 1 & 3 & 9 \end{array}\\ \left(\begin{array}{ccc} \sqrt{3} & \text{对} & \\ -1/\sqrt{3} & -1/3 & \text{称}\\ -1/\sqrt{3} & -1/3 & -1/3 \end{array}\right)\end{array}\begin{array}{c} \\ 1\\ 3\\ 9 \end{array}\begin{array}{c} \begin{array}{ccc} 1 & 3 & 9 \end{array}\\ \left(\begin{array}{ccc} \sqrt{3} & -1/\sqrt{3} & -1/\sqrt{3}\\ \text{对} & -1/3 & -1/3\\ & \text{称} & -1/3 \end{array}\right)\end{array}$$

从而可得第1列的分解因子向量为:

$$\vec{l}_1=\begin{array}{c} \\ 1\\ 3\\ 9 \end{array}\begin{array}{c} 1\\ \left(\begin{array}{c} \sqrt{3}\\ -1/\sqrt{3}\\ -1/\sqrt{3} \end{array}\right)\end{array}$$

而相应的节点1的更新阵 U_1 为:

$$U_1 = \begin{array}{cc} & \begin{matrix} 3 & \quad 9 \end{matrix} \\ \begin{matrix} 3 \\ 9 \end{matrix} & \begin{pmatrix} -1/3 & -1/3 \\ -1/3 & -1/3 \end{pmatrix} \end{array}$$

同样,可以算得第 2 列的分解因子向量及节点 2 的更新阵 U_2 分别为:

$$\vec{l}_2 = \begin{array}{cc} & 2 \\ \begin{matrix} 2 \\ 3 \\ 8 \end{matrix} & \begin{pmatrix} \sqrt{3} \\ -1/\sqrt{3} \\ -1/\sqrt{3} \end{pmatrix} \end{array}, \quad U_2 = \begin{array}{cc} & \begin{matrix} 3 & \quad 8 \end{matrix} \\ \begin{matrix} 3 \\ 8 \end{matrix} & \begin{pmatrix} -1/3 & -1/3 \\ -1/3 & -1/3 \end{pmatrix} \end{array}$$

对于节点 3 的计算,首先由原矩阵第 3 列与更新阵 U_1、U_2 通过扩充相加运算形成波前阵 F_3,$F_3 = A_{*3} + U_1 + U_2$,即:

$$F_3 = \begin{array}{cc} & \begin{matrix} 3 & \quad 4 & \quad 8 & \quad 9 \end{matrix} \\ \begin{matrix} 3 \\ 4 \\ 8 \\ 9 \end{matrix} & \begin{pmatrix} 7/3 & \text{对} & & \\ -1 & 0 & & \text{称} \\ -1/3 & 0 & -1/3 & \\ -1/3 & 0 & 0 & -1/3 \end{pmatrix} \end{array}$$

然后用 Submatrix-Cholesky 法分解得:

$$\vec{l}_3 = \begin{array}{cc} & 3 \\ \begin{matrix} 3 \\ 4 \\ 8 \\ 9 \end{matrix} & \begin{pmatrix} \sqrt{7/3} \\ -\sqrt{3/7} \\ -1/\sqrt{21} \\ -1/\sqrt{21} \end{pmatrix} \end{array}, \quad U_3 = \begin{array}{cc} & \begin{matrix} 4 & \quad 8 & \quad 9 \end{matrix} \\ \begin{matrix} 4 \\ 8 \\ 9 \end{matrix} & \begin{pmatrix} -3/7 & \text{对} & \\ -1/7 & -8/21 & \text{称} \\ -1/7 & -1/21 & -8/21 \end{pmatrix} \end{array}$$

6.1.7.2　对于节点 4

(1)形成节点 4 的波前阵 F_4,因其只有一个子节点 3,则:

$$F_4 = A_{*4} + U_3 = \begin{array}{cc} & \begin{matrix} 4 & \quad 8 & \quad 9 \end{matrix} \\ \begin{matrix} 4 \\ 8 \\ 9 \end{matrix} & \begin{pmatrix} 4 & -1 & -1 \\ -1 & 0 & 0 \\ -1 & 0 & 0 \end{pmatrix} \end{array} + \begin{array}{cc} & \begin{matrix} 4 & \quad 8 & \quad 9 \end{matrix} \\ \begin{matrix} 4 \\ 8 \\ 9 \end{matrix} & \begin{pmatrix} \sqrt{3} & -1/\sqrt{3} & -1/\sqrt{3} \\ \text{对} & -1/3 & -1/3 \\ & \text{称} & -1/3 \end{pmatrix} \end{array}$$

$$= \begin{array}{cc} & \begin{matrix} 4 & \quad 8 & \quad 9 \end{matrix} \\ \begin{matrix} 4 \\ 8 \\ 9 \end{matrix} & \begin{pmatrix} 25/7 & \text{对} & \\ -8/7 & -8/21 & \text{称} \\ -8/7 & -1/21 & -8/21 \end{pmatrix} \end{array}$$

(2)对波前阵 F_4 执行 Submatrix-Cholesky 分解,经过计算可得该节点的分解因子向量及更新阵为：

$$\vec{l}_4 = \begin{matrix} & 4 \\ 4 & 5/\sqrt{7} \\ 8 & -8\sqrt{7}/35 \\ 9 & -8\sqrt{7}/35 \end{matrix}, \quad U_4 = \begin{matrix} & 8 & 9 \\ 8 & -56/75 & -31/75 \\ 9 & -31/75 & -56/75 \end{matrix}$$

节点5、6的分解因子向量及更新阵分别为：

$$\vec{l}_5 = \begin{matrix} & 5 \\ 5 & \sqrt{3} \\ 7 & -1/\sqrt{3} \\ 9 & -1/\sqrt{3} \end{matrix}, \quad U_5 = \begin{matrix} & 7 & 9 \\ 7 & -1/3 & -1/3 \\ 9 & -1/3 & -1/3 \end{matrix}$$

$$\vec{l}_6 = \begin{matrix} & 6 \\ 6 & \sqrt{3} \\ 7 & -1/\sqrt{3} \\ 8 & -1/\sqrt{3} \end{matrix}, \quad U_6 = \begin{matrix} & 7 & 8 \\ 7 & -1/3 & -1/3 \\ 8 & -1/3 & -1/3 \end{matrix}$$

6.1.7.3 对节点7的计算

(1)形成节点7的波前阵 F_7，节点7有两个子节点，分别为5、6，则：

$$F_7 = A_{*7} + U_5 + U_6 = \begin{matrix} & 7 & 10 \\ 7 & 3 & -1 \\ 10 & -1 & 0 \end{matrix} + \begin{matrix} & 7 & 9 \\ 7 & -1/3 & -1/3 \\ 9 & -1/3 & -1/3 \end{matrix} + \begin{matrix} & 7 & 8 \\ 7 & -1/3 & -1/3 \\ 8 & -1/3 & -1/3 \end{matrix}$$

$$= \begin{matrix} & 7 & 8 & 9 & 10 \\ 7 & 7/3 & \text{对} & & \\ 8 & -1/3 & -1/3 & & \text{称} \\ 9 & -1/3 & 0 & -1/3 & \\ 10 & -1 & 0 & 0 & 0 \end{matrix}$$

(2)对波前阵 F_7 执行 Submatrix-Cholesky 分解，经计算可得该节点的分解因子向量及更新阵为：

$$\vec{l}_7 = \begin{matrix} & 7 \\ 7 & \sqrt{7/3} \\ 8 & -1/\sqrt{21} \\ 9 & -1/\sqrt{21} \\ 10 & -\sqrt{3/7} \end{matrix}, \quad U_7 = \begin{matrix} & 4 & 8 & 9 \\ 4 & -8/7 & \text{对} & \\ 8 & -1/21 & -8/21 & \text{称} \\ 9 & -1/7 & -1/7 & -3/7 \end{matrix}$$

节点 8、9、10 的相应分解因子向量及更新阵分别为：

$$\vec{l}_8 = \begin{array}{c} \\ 8 \\ 9 \\ 10 \end{array}\begin{array}{c} 8 \\ \left(\begin{array}{c} \frac{2}{5}\sqrt{\frac{377}{21}} \\ -\frac{121}{105}\sqrt{\frac{21}{377}} \\ -\frac{20}{7}\sqrt{\frac{21}{377}} \end{array}\right) \end{array}, \quad U_8 = \begin{array}{c} \\ 9 \\ 10 \end{array}\begin{array}{c} \begin{array}{cc} 9 & 10 \end{array} \\ \left(\begin{array}{cc} -\frac{453}{377} & -\frac{123}{377} \\ -\frac{123}{377} & -\frac{333}{377} \end{array}\right) \end{array}$$

$$\vec{l}_9 = \begin{array}{c} \\ 9 \\ 10 \end{array}\begin{array}{c} 9 \\ \left(\begin{array}{c} \sqrt{\frac{5\times 211}{377}} \\ -\frac{500}{377}\sqrt{\frac{377}{5\times 211}} \end{array}\right) \end{array}, \quad U_9 = 10\begin{array}{c} 10 \\ \left(-\frac{120\,263}{79\,547}\right) \end{array}$$

$$\vec{l}_{10} = 10\begin{array}{c} 10 \\ \left(5\sqrt{\frac{7\,917}{377\times 211}}\right) \end{array}$$

至此分解完成。

由分解过程可以看出，在消去树指导下，多波前法把对一个 10 × 10 阶的稀疏矩阵的分解转化成了对一系列最高阶不超过 4 ×4 阶的稠密矩阵的局部分解。

6.1.8　回代求解

对于线性方程组 $A\vec{x} = \vec{b}$，因为对系数矩阵 A 进行了 Cholesky 分解，故有 $A = LL^{T}$，则原方程组可化为 $LL^{T}\vec{x} = \vec{b}$；若令 $L^{T}\vec{x} = \vec{y}$，则有 $L\vec{y} = \vec{b}$，那么对原方程组的求解就转化为先对 $L\vec{y} = \vec{b}$ 求解，在求得向量 $\vec{y}$ 后，再对 $L^{T}\vec{x} = \vec{y}$ 进行求解，就可求得未知向量 $\vec{x}$ 的值，也就是得到了原方程组的解。

由 $L\vec{y} = \vec{b}$ 执行向前回代，就可求得向量 $\vec{y}$：

$$y_i = \left(b_i - \sum_{k=1}^{i-1} l_{ik}y_k\right)/l_{ii}$$

若考虑并利用 L 的稀疏性，则其中 k 的范围为：$k \in \mathrm{row}(i)$。

在求得 $\vec{y}$ 后，再由 $L^{T}\vec{x} = \vec{y}$ 向后回代，即可求得原方程组的解 $\vec{x}$，有：

$$x_i = (y_i - \sum_{k=i+1}^{n} l_{ki}x_k)/l_{ii}$$

若考虑并利用 L^{T} 的稀疏性,则其中 k 的范围为: $k \in \mathrm{col}(i)$ 。

对于本例,首先执行向前回代,有:

$i = 1$ 时, $\mathrm{row}(1) = \{\varnothing\}, y_1 = 0$

$i = 2$ 时, $\mathrm{row}(2) = \{\varnothing\}, y_2 = 0$

$i = 3$ 时, $\mathrm{row}(3) = \{1,2\}, y_3 = (b_3 - \sum_{k \in \mathrm{row}(3)} y_k l_{3k})/l_{33} = 0$

$i = 4$ 时, $\mathrm{row}(4) = \{3\}, y_4 = (b_4 - \sum_{k \in \mathrm{row}(4)} y_k l_{4k})/l_{44} = \sqrt{7}$

$i = 5$ 时, $\mathrm{row}(5) = \{\varnothing\}, y_5 = (b_5 - 0)/l_{55} = 5/\sqrt{3}$

$i = 6$ 时, $\mathrm{row}(6) = \{\varnothing\}, y_6 = (b_6 - 0)/l_{66} = 5/\sqrt{3}$

$i = 7$ 时, $\mathrm{row}(7) = \{5,6\}$,

$$y_7 = (b_7 - \sum_{k \in \mathrm{row}(7)} y_k l_{7k})/l_{77} = 10/\sqrt{21} = 2.182\ 2$$

$i = 8$ 时, $\mathrm{row}(8) = \{2,3,4,6,7\}$,

$$y_8 = (b_8 - \sum_{k \in \mathrm{row}(8)} y_k l_{8k})/l_{88} = \frac{131}{14}\sqrt{\frac{21}{377}} = 2.208\ 4$$

$i = 9$ 时, $\mathrm{row}(9) = \{1,3,4,5,7,8\}$,

$$y_9 = (b_9 - \sum_{k \in \mathrm{row}(9)} y_k l_{9k})/l_{99} = \frac{25 \times 131}{2 \times 377}\sqrt{\frac{377}{5 \times 211}} = 2.596\ 5$$

$i = 10$ 时, $\mathrm{row}(10) = \{7,8,9\}$,

$$y_{10} = (b_{10} - \sum_{k \in \mathrm{row}(10)} y_k l_{10k})/l_{1010} = \frac{210}{211}\sqrt{\frac{377 \times 211}{7\ 917}} = 3.154\ 8$$

通过以上计算就可求得向量 $\vec{y}$ 的值:

$$\vec{y} = \left(0,0,0,\sqrt{7},\frac{5}{\sqrt{3}},\frac{5}{\sqrt{3}},2.182\ 2,2.208\ 4,2.596\ 5,3.154\ 8\right)^{T}$$

然后,执行向后回代,以求得向量 $\vec{x}$(本例为 $\vec{V}$)的值。注意, $\vec{x}$($\vec{V}$)中元素的次序由于前面优化过程时进行了行列置换,向量中各未知量的顺序已被打乱,有:

$$\vec{V}' = (V_4, V_7, V_{10}, V_{11}, V_6, V_9, V_3, V_8, V_5, V_2)^{T}$$

为了叙述方便,令:

$$\vec{x} = (x_1, x_2, x_3, x_4, x_5, x_6, x_7, x_8, x_9, x_{10})^T$$
$$= \vec{V}' = (V_4, V_7, V_{10}, V_{11}, V_6, V_9, V_3, V_8, V_5, V_2)^T$$

则有：

$i = 10$ 时，$\mathrm{col}(10) = \{\varnothing\}$，

$$V_2 = x_{10} = (y_{10} - 0)/l_{1010} = 2.000\,0$$

$i = 9$ 时，$\mathrm{col}(9) = \{10\}$，

$$V_5 = x_9 = (y_9 - \sum_{k \in \mathrm{col}(9)} x_k l_{k9})/l_{99} = 2.500\,0$$

$i = 8$ 时，$\mathrm{col}(8) = \{9, 10\}$，

$$V_8 = x_8 = (y_8 - \sum_{k \in \mathrm{col}(8)} x_k l_{k8})/l_{88} = 2.500\,0$$

$i = 7$ 时，$\mathrm{col}(7) = \{8, 9, 10\}$，

$$V_3 = x_7 = (y_7 - \sum_{k \in \mathrm{col}(7)} x_k l_{k7})/l_{77} = 3.000\,0$$

$i = 6$ 时，$\mathrm{col}(6) = \{7, 8\}$，

$$V_9 = x_6 = (y_6 - \sum_{k \in \mathrm{col}(6)} x_k l_{k6})/l_{66} = 3.500\,0$$

$i = 5$ 时，$\mathrm{col}(5) = \{7, 9\}$，

$$V_6 = x_5 = (y_5 - \sum_{k \in \mathrm{col}(5)} x_k l_{k5})/l_{55} = 3.500\,0$$

$i = 4$ 时，$\mathrm{col}(4) = \{8, 9\}$，

$$V_{11} = x_4 = (y_4 - \sum_{k \in \mathrm{col}(4)} x_k l_{k4})/l_{44} = 3.000\,0$$

$i = 3$ 时，$\mathrm{col}(3) = \{4, 8, 9\}$，

$$V_{10} = x_3 = (y_3 - \sum_{k \in \mathrm{col}(3)} x_k l_{k3})/l_{33} = 2.000\,0$$

$i = 2$ 时，$\mathrm{col}(2) = \{3, 8\}$，

$$V_7 = x_2 = (y_2 - \sum_{k \in \mathrm{col}(2)} x_k l_{k2})/l_{22} = 1.500\,0$$

$i = 1$ 时，$\mathrm{col}(1) = \{3, 9\}$，

$$V_4 = x_1 = (y_1 - \sum_{k \in \mathrm{col}(1)} x_k l_{k1})/l_{11} = 1.500\,0$$

故有：

$$\vec{x} = \vec{V}' = (V_4, V_7, V_{10}, V_{11}, V_6, V_9, V_3, V_8, V_5, V_2)^T$$
$$= (1.5, 1.5, 2.0, 3.0, 3.5, 3.5, 3.0, 2.5, 2.5, 2.0)^T$$

从而求得原问题的解：

$$\vec{V} = (V_2, V_3, V_4, V_5, V_6, V_7, V_8, V_9, V_{10}, V_{11})^T$$
$$= (2.0, 3.0, 1.5, 2.5, 3.5, 1.5, 2.5, 3.5, 2.0, 3.0)^T$$

6.2 程序设计

本节就多波前法的程序实现进行研究。本节给出的只是程序设计时的框架性描述(或者说从程序结构方面给出其算法描述),并不给出其具体实现的详细代码及步骤。本书中将采用 N－S 流程图来具体表示。关于 N－S 流程图请参考谭浩强等(1990)的文献。

对于本程序的设计,根据结构化程序设计“自顶向下,逐步细化”的原则,首先给出程序总的模块,如图 6.9 所示,程序在实现时将由四个大的模块组成。

模块 1 的功能是从辅存如硬盘中读入稀疏矩阵,同时按本书所选定的列链表数据结构对原稀疏矩阵进行重新组织,以方便随后的各模块对其的操作。具体过程略。

模块 2、3、4 的功能与第 5 章相应部分所描述的功能一致,这里不再赘述。其中,模块 2 进一步可细化为如图 6.10 所示的各功能模块。下面将就图 6.10 中的模块 1 即生成消去树的模块进行讨论。其较为具体的实现框图如图 6.11 所示。在图 6.9 中的模块 3 部分,包括两个主要的方面,即集成波前阵及对波前阵的分解。其详细的实现框图如图6.12 所示。图 6.13 给出了图 6.9 中模块 4 的较为具体的算法实现。

1. 读入稀疏矩阵,重新对其存储结构进行组织
2. 预处理
3. 数值分解
4. 回代求解

图 6.9　程序总的模块框图

1. 生成消去树
2. 对消去树后序遍历以优化矩阵
3. 对后序遍历顺序进行优化

图 6.10　对图 6.9 中模块 2 的进一步细化

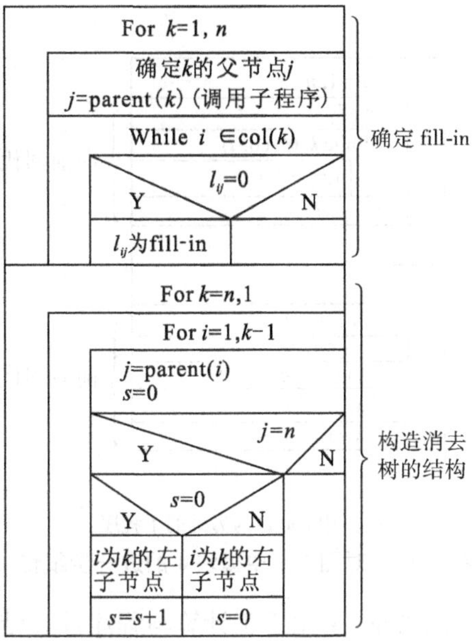

（注：其中 parent(i)、col(k)为另外的子程序）

图 6.11　对图 6.10 中模块 1 的进一步细化

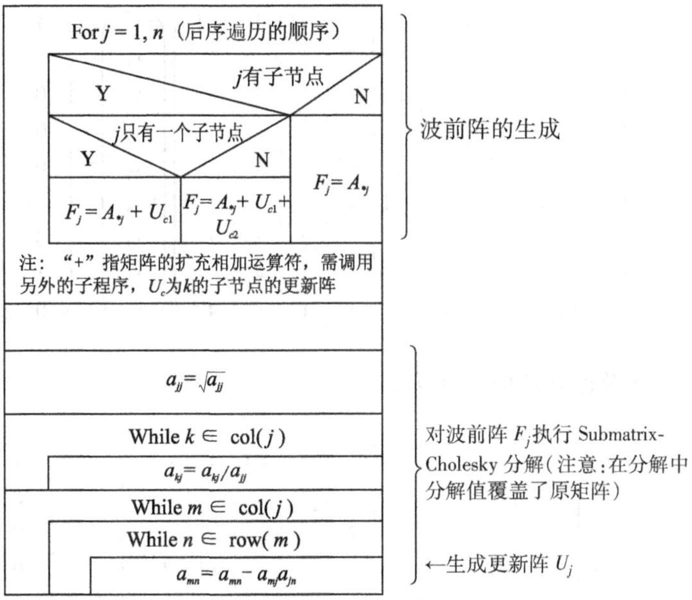

（注：其中 col(j)、row(m)为另外的子程序）

图 6.12　对图 6.9 中模块 3 的进一步细化

程序最终采用 C 语言实现，但由于作者时间的限制和问题的复杂性，在对整个程序的框架结构进行了分析和设计后，并没有编制出通用的、完备的程序，而现有的已实现部分在执行时还需要一些必需的人工干预。

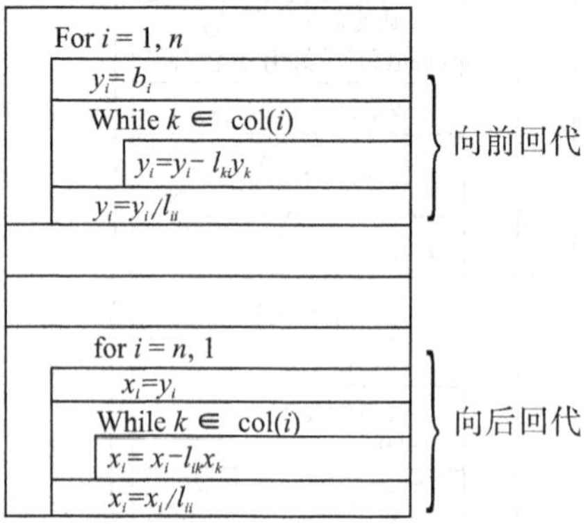

（注：其中 col(i)为另外的子程序）

图 6.13　对图 6.9 中模块 4 的进一步细化

对于所编制程序正确性的考证，采用手工计算与程序计算结果相互验证的方法，对本章开始时所描述的问题进行了验算，结果完全一致。

下面是对另外一个稀疏线性方程组的求解：

$$\begin{pmatrix} 4 & & & & & & -1 & 1 & -1 \\ & 3 & & 1 & & 2 & & & \\ & & 3 & & 2 & & & 2 & \\ & 1 & & 2 & & & & -1 & 1 \\ & & 2 & & 3 & -1 & & 1 & \\ & 2 & & & -1 & 4 & & & 1 \\ -1 & & & & & & 2 & 1 & 1 \\ 1 & & 2 & -1 & 1 & & 1 & 4 & \\ -1 & & & 1 & & 1 & 1 & & 4 \end{pmatrix} \begin{pmatrix} x_1 \\ x_2 \\ x_3 \\ x_4 \\ x_5 \\ x_6 \\ x_7 \\ x_8 \\ x_9 \end{pmatrix} = \begin{pmatrix} 1 \\ 0 \\ 0 \\ 0 \\ 0 \\ -1 \\ 0 \\ 1 \\ 0 \end{pmatrix}$$

其中，系数矩阵 A 及已知的向量 $\vec{b}$ 为：

$$A = \begin{array}{c} 1 \\ 2 \\ 3 \\ 4 \\ 5 \\ 6 \\ 7 \\ 8 \\ 9 \end{array} \begin{pmatrix} 4 & & & & & & -1 & 1 & -1 \\ & 3 & & 1 & & 2 & & & \\ & & 3 & & 2 & & & 2 & \\ & 1 & & 2 & & & & -1 & 1 \\ & & 2 & & 3 & -1 & & 1 & \\ & 2 & & & -1 & 4 & & & 1 \\ -1 & & & & & & 2 & 1 & 1 \\ 1 & & 2 & -1 & 1 & & 1 & 4 & \\ -1 & & & 1 & & 1 & 1 & & 4 \end{pmatrix}, \quad \vec{b} = \begin{pmatrix} 1 \\ 0 \\ 0 \\ 0 \\ 0 \\ -1 \\ 0 \\ 1 \\ 0 \end{pmatrix}$$

程序输出的其最终优化结果为：

1 Row：

3　1　0　0　2　0　0　0　0

2 Row：

1　2　0　0　0　0　0　-1　1

3 Row：

0　0　3　2　0　0　0　2　0

4 Row：

0　0　2　3　-1　0　0　1　0

5 Row：

2　0　0　-1　4　0　0　0　1

6 Row：

0　0　0　0　0　4　-1　1　-1

7 Row：

0　0　0　0　0　-1　2　1　1

8 Row：

0　-1　2　1　0　1　1　4　0

9 Row：

0　1　0　0　1　-1　1　0　4

整理得：

$$\bar{\bar{A}} = \begin{matrix} 1 \\ 2 \\ 3 \\ 4 \\ 5 \\ 6 \\ 7 \\ 8 \\ 9 \end{matrix} \begin{pmatrix} 3 & 1 & & & 2 & & & & \\ 1 & 2 & & & & & & -1 & 1 \\ & & 3 & 2 & & & & 2 & \\ & & 2 & 3 & -1 & & & 1 & \\ 2 & & & -1 & 4 & & & & 1 \\ & & & & & 4 & -1 & 1 & -1 \\ & & & & & -1 & 2 & 1 & 1 \\ & -1 & 2 & 1 & & 1 & 1 & 4 & \\ & 1 & & & 1 & -1 & 1 & & 4 \end{pmatrix}$$

向前回代所得向量 $\vec{y}$ 为：

$$\vec{y} = (0,0,0,0,-0.745\,4,0.5,0.189\,0,0.293\,7,0.707\,8)^{\mathrm{T}}$$

进一步向后回代得解向量 $\vec{x}'$ 为：

$$\vec{x}' = (1.357\,1,-1.357\,1,1,-0.928\,6,-1.357\,1,$$
$$0.642\,9,0.214\,3,-0.571\,4,0.785\,7)^{\mathrm{T}}$$

由于在进行优化时进行了行列置换，所以解向量的各元素位置发生了改变，整理后得

最终的解向量 $\vec{x}$ 为：

$$\vec{x} = (0.6429, 1.3571, 1, -1.3571, -0.9286, -1.3571, 0.2143, -0.5714, 0.7857)^T$$

对该线性方程组在 MATLAB 中进行求解也得到了同样的结果,这说明所编制的程序在求解时所得结果是可靠的。

6.3 本章小结

在本章中通过一个具体算例的求解进一步就多波前法的实施技术进行了说明,同时利用 N－S 流程图就程序编制的设计模块进行了分析,最后给出的用程序计算的例子说明所设计的程序在结果上是可靠的。

第7章 结 论

对在科学技术和工程问题中广泛使用的有限单元法的求解,最后总归结为对一非常稀疏且对称正定的线性方程组的求解。对于大型应用软件来说,随着问题规模的增大,以及对解的精度要求的提高,该求解过程往往对整个软件的执行效率影响巨大。而对工程师来说,则要求能在较小的计算机上如桌面PC系统上就能方便、快速地求解规模很大的实际问题,这就要求在求解稀疏矩阵线性方程组的过程中要节省存储容量和计算时间,当然更要保证求解过程的数值稳定性。

本书主要围绕如何节省存储容量和计算时间而对稀疏对称正定线性方程组的直接解法多波前法(multifrontal method)进行了研究,详细探讨了该法的实施技术。本书的主要研究成果有以下几个方面:

(1)探讨了稀疏线性方程组的求解方法,特别给出了几种Cholesky分解法的详细算法。对在非并行、向量计算机平台上稀疏对称正定线性方程组的求解方法——多波前法的理论、方法及其特点进行了深入研究。

(2)就指导多波前法执行过程的消去树,以及如何由稀疏矩阵构造出消去树做了深入探讨。讨论了对消去树进行后序遍历及对后序遍历做进一步优化,从而使得多波前法分解过程中的运算量和对存储空间需求达到几乎最小。

(3)研究了在消去树指导下多波前法进行集成/分解时所用到的矩阵分解法,这种分解法以Cholesky分解法为基础,是多波前法的核心。该分解法糅合了Column-Cholesky法与Submatrix-Cholesky法,与消去树及栈的数据结构相配合,非常适于多波前法。

(4)对稀疏矩阵的存储结构以及对执行多波前法时的内存管理进行了较为深入的分析,讨论了在计算机上实现多波前法时对数据结构的安排及对存储管理的一些优化技术,包括双链表、栈、阵列等,这些关键技术的解决为多波前法的实施提供了可靠的保证。

(5)结合具体的算例,给出了多波前法的实施模块,并设计了相应的算法,编制了相应的程序。结果表明,该方法对稀疏对称正定线性方程组的求解是有效的,该方法可望应用于有限单元法所生成的稀疏线性方程组的快速有效求解上。

当然,现在所做的工作只是为将来进一步的工作打下了基础。而现有系统还存在较大的不足,主要有以下两个方面:

一是宏观方面。首先,该系统只是被设计出来对稀疏矩阵进行求解的,这就要求在求解有限元问题时必须先整合出一个完整的整体刚度矩阵出来方能求解,而不像波前法那样在集成的同时完成消元,而后者显然对节省存储空间及计算时间是有益的。对于该不足之处,下一步的工作就是把稀疏矩阵的相关概念与有限单元法中的概念相贯通,从而在目前工作的基础上实现单元的集成与节点的消去能够同时进行。其次,该系统所能求解的对象是稀疏对称正定且对角占优的矩阵,虽然从有限单元法中所得的矩阵大都是这一类型的，但为了实现其更高的通用性，应对系统进行改造，以使其求解的对象得到扩充。

二是系统本身方面，还有一些可以进一步发掘以提高其效率的地方。第一，从矩阵存储的数据结构来看，虽然本书采用的列链表很有优势，但有些方案如“细胞稀疏索引”方案可能会更有优势，可以在这方面作进一步的研究考查。第二，在对消元树进行优化时，实际上是围绕着调整节点序列的顺序或者说集成顺序进行的，而这是在保持消去树的树形不变的基础上进行的，那么若对其进行优化时能够对消去树的结构（形状）进行改变的话，应该会对存储空间的减少有所贡献。第三，在进行集成分解操作时我们采用了栈的数据结构并使尽可能多的更新阵留在栈中以减少 I/O 交换，但总的来讲，我们缺乏一套好的调度策略来管理栈中的数据以实现这种“尽可能”的功能，即一方面使得在集成时栈中总有其所需的“原料”，另一方面分解所得到的数据又能在积攒到一个“恰当”的规模后一次性输出（这里的“恰当”指的是既不会占用过多的栈空间，又不会造成频繁的 I/O 交换），那么就会最大程度上减少 I/O 交换及对存储空间的要求。第四，为了简化问题的难度，本书中一直假设所求解的稀疏矩阵已经进行了以减少填入元为目的的优化，将来的系统中应包含该优化过程。

总之，现已形成的求解系统还是很粗糙的，存在着很多不足，需要作进一步的深入研究，以及相当大量的修正、完善工作。

参考文献

[1] Alpatov P, Baker G, Edwards C, et al. PLAPACK: Parallel Linear Algebra Package Design Overview. http://www. supercomp. org/sc97/proceedings/tech/alpatov/index. htm, 1997.

[2] Amestoy P R, Tilch R. Solving the compressible Navier-Stokes equations with finite elements using a multifrontal method. Impact of Computing in Science and Engineering, 1989(1): 93-107.

[3] Amestoy P R, Duff I S, L'Excellent J-Y, et al. A fully asynchronous multifrontal solver using distributed dynamic scheduling, Technical Report RAL-TR-1999-059, Rutherford Appleton Laboratory, 1999.

[4] Amestoy P R, Duff I S, Li X S. Analysis and comparison of two general sparse solvers for distributed memory computers. ACM Trans Math Softw, 2001, 27(4): 388-421.

[5] Ashcraft C, Grimes R, Lewis J, et al. Progress in sparse matrix methods for large linear systems on vector supercomputers. Internat J Supercomput App, 1987(1): 10-29.

[6] Ashcraft C. A vector implementation of the multifrontal method for large sparse, symmetric positive definite linear systems. Tech Report ETA-TR-51, Engineering Technology Applications Division, Boeing Computer Services, Seattle, WA, 1987.

[7] Ashcraft C, Grimes R. The influence of relaxed supernode partitions on the multifrontal method. ACM Trans Math Softw, 1989, 15(4): 291-309.

[8] Ashcraft C, Eisenstat S, Liu J W H. A fan-in algorithm for distributed sparse numerical factorization. SIAM J Sci Statist Comput, 1990(11): 593-599.

[9] Bell K, Damhaug A C. SPR-a package of Fortran subroutines for assembly and solution of finite element systems by sparse matrix methods. Technical Report R-7-94. Trandheim, Norway: University of Trondheim, The Norwegian Institute of Technology, 1994.

[10] 陈璞, 孙树立, 袁明武. 有限元分析快速解法[J]. 力学学报, 2002, 34(2): 216-222.

[11] Cheng Y K, Yeo M F. 实用有限单元分析导论[M]. 谢秀松, 等译. 北京: 人民交通出版社, 1982.

[12] Choi J, Dongarra J J, Ostrouchov L S, et al. The design and implementation of the Scal LAPACK LU, QR and Cholesky Factorization routines. http://www. cs. cf. ac. uk/Us-

er/ David. W. Walker/ LINALG/sciprog96. html, 1994.

[13] Cormen T H, Leiserson C E, Rivest R L. Introduction to algorithms. 5th ed. Cambridge MA, USA: MIT Press, 1991.

[14] CSEP Numerical Linear Algebra. http://csep1. phy. ornl. gov/la/la. html, 1995.

[15] Damhaug A C, Reid J, Bergseth A. The impact of an efficient linear solver on finite element analysis. Computers and Structures 1999(72): 595-604.

[16] Dave A K, Duff I S. Sparse matrix calculations on the CRAY-2. Parallel Comput, 1997(5): 55-64.

[17] Davis T A. Users guide for the unsymmetric-pattern multifrontal package(UMFPACK). Technical Report TR-93-020, Gainesville, FL: US Department University of Florida, 1993.

[18] Davis T A, Duff I S. A combined unifrontal/multifrontal method for unsymmetric sparse matrices. ACM Trans Math Softw, 1999, 25(1): 1-20.

[19] Deitel H M, Deitel P J. C++大学教程[M].2 版. 邱仲潘, 等译. 北京: 电子工业出版社, 2001.

[20] Dongarra J J, Bunch J R, Moler C B, et al. LINPACK Users Guide. Philadelphia: SIAM Press, 1979.

[21] Dongarra J J, Eijkhout V. Numerical linear algebra algorithms and software. Elsevier J Comput Appl Math, 2000, 123:489-514.

[22] Duff I S, Reid J K. MA27—A set of Fortran subroutines for solving sparse symmetric sets of linear equations. Rep. AERE R10533,HMSO, London, 1982.

[23] Duff I S, Reid J K. The multifrontal solution of indefinite sparse symmetric linear systems, ACM Trans Math Softw, 1983, 9(3): 302-325.

[24] Duff I S, Reid J K. MA47, a Fortran code for direct solution of indefinite symmetric linear systems of equations. Rep. RAL 95-001, Oxfordshire, England: Rutherford Appleton Laboratory, 1995.

[25] Duff I S. A review of frontal methods for solving linear systems. Comp Phys Commn, 1996, 97: 45-52.

[26] Duff I S. The impact of high-performance computing in the solution of linear systems: trends and problems. Elsevier J Comp Appl Mathe, 2000, 123: 515-530.

[27] Eisenstat S C, Gursky M C, Schultz M H, et al. The Yale sparse matrix package I: The symmetric code. Internat J Numer Methods Engrg, 1982, 18: 1145-1151.

[28] Felippa C A, Clough R W. 固体力学中的有限元素法[C]. 朱培烨, 译. 有限元素法译文集(力学参考资料十四). 重庆: 科学技术出版社重庆分社, 1980.

[29] Felippa C A. Recent developments in basic finite element technologies in computational mechanics in structural engineering——recent development. Cheng, F Y and Gu, Y X eds. Elsevier, 1999.

[30] Gastavson E, Linigen W, Willoughby R. Symbolic generation of an optimal crout algorithm fo sparse systems of linear equations. IBM Report RC-1852, Yorktown Heiths, NewYork: IBM Thomas Watson Research Center, 1967.

[31] Geng P, Oden J T, van de Geijn R A. A parallel multifrontal algorithm and its implementation. Comut Method Appl Engrg, 1997, 149: 289-301.

[32] George A, Liu J W H. The evolution of the minimum degree ordering algorithm. SIAM Review, 1989, 31(1): 1-19.

[33] George J A, Liu J W H, Ng E. User guide for SPAPSPAK, Waterloo Sparse Linear Equations Package. Res. Rep. CS78-30(revised 1980), Waterloo, Ont, Can: Dept. of Computer Science, Univ of Waterloo, 1980.

[34] George J A, Liu J W H. Computer solution of large sparse positive definite systems. Englewood Cliffs, NJ, Prentice-Hall, 1981.

[35] George J A, Heath M, Liu J W H. Parallel Cholesky factorization on a shared-memory multiprocessor. Linear Algebra Appl, 1986, 77: 165-187.

[36] Guermouche A, L′ Excellent J-Y, Utard G. On the memory usage of a parallel multifrontal solver. Proceedings of IPDPS, 2003.

[37] Hinton E, Owen D R J. 有限元程序设计[M]. 杨楚泉, 等译. 北京: 新时代出版社, 1982.

[38] Irons B M. A frontal solution program for finite element analysis. Internat J Numer Methods Engrg, 1970(2): 5-32.

[39] Irony D, Shklarsk G, Toledo S. Parallel and fully recursive multifrontal supernodal sparse cholesky. ICCS 2002, INCS 2330, 2002: 335-344.

[40] Jess J A G, Kees H G M. A data structure for parallel L/U decomposition. IEEE Trans Comput, 1982(31): 231-239.

[41] Lee, H B. An interpretive implementation of Gaussian elimination. Digest of the sparse matrix symposium, Yorktown Heithts, NewYork: IBM Thomas Watson Research Center, 1968: 75-81.

[42] 李兆霞. 损伤力学及其应用[M]. 北京:科学出版社, 2002:138-152.

[43] Liu J W H. Modification of the minimum-degree algorithm by multiple elimination. ACM Trans Math Softw, 1985, 11(2): 141-153.

[44] Liu J W H. On the storage requirement in the out-of-core multifrontal method for sparse

factorization. ACM Trans Math Softw, 1986, 12(3): 249-264.

[45] Liu J W H. The multifrontal method and paging sparse Cholesky factorization. ACM Trans Math Softw, 1989, 15(4): 310-325.

[46] Liu J W H. The role of elimination trees in sparse factorization. SIAM J Matrix Anal Appl, 1990(11): 134-172.

[47] Liu J W H. The multifrontal method for sparse matrix solution: theory and practice. SIAM Review, 1992, 34(1): 82-109.

[48] 刘晓明. 多格式差分法及其在结构分析中的应用[D]. 南京:河海大学,1988.

[49] Lucas R. Solving planar systems of equations on distributed-memory multiprocessor[D]. Stanford, CA: Department of Electrical Engineering, Stanford University, 1987.

[50] Markowitz H M. The elimination form of the inverse and its application to linear programming. Management Sci, 1957(3): 255-269.

[51] Matstoms P. Sparse QR factorization in MATLAB. ACM Trans Math Softw, 1994, 20(1): 136-159.

[52] Ng E G, Peyton B W. Block sparse cholesky algorithms on advanced uinprocessor computers. Technical Report ORNLITM-11960. Oak Ridge National Laboratory, USA, 1991.

[53] Ortega J. Introduction to parallel and vector solution of linear systems. Plenum Press, 1988.

[54] Rose D J. A graph-theoretic study of the numerical solution of sparse positive definite systems of linear equation. In: Read, R C eds. Graph Theory and Computing. Academic Press, 1972.

[55] Rothberg E, Gupta A. An evaluation of left-looking, right-looking and multifrontal approach to sparse Cholesky factorization on hierarchical-memory machines. Int J of High Speed Comput, 1993, 5(4): 537-594.

[56] Saad Y, van der Vorst H A. Iterative solution of linear systems in the 20th century. J Computer Appl Math, 2000, 123: 1-33.

[57] Schreiber R. A new implementation of sparse Gaussion elimination. ACM Trans Math Software, 1982(8): 256-276.

[58] Speelpenning B. The generalized element method. Tech Report UIUCDCS-R-78-946, Urbana-Champaign, IL: Department of computer science, University of Illinois, 1978.

[59] 谭浩强,田淑清. FORTRAN 语言——FORTRAN77 结构化程序设计[M]. 北京: 清华大学出版社, 1990.

[60] 谭浩强. C 语言程序设计[M]. 北京: 清华大学出版社, 1991.

[61] Thornton H. 有限元素法[M]. 王至勤，译. 北京:世界图书出版公司，1993.
[62] Anderson E，Bai Z，Demmel J，et al. LAPACK Users' Guide. Philadelphia：SIAM，1992.
[63] 王勖成，邵敏. 有限单元法基本原理和数值方法[M].2 版. 北京：清华大学出版社，1997.
[64] 徐柏林,傅学弘. 稀疏迭代法与稀疏直接解法在固体力学上的应用. http://www.nchc.gov.tw/chinese/07_publication/nchcs/Other/V2N1/P11-17.html，1992.
[65] 严蔚敏，吴伟民. 数据结构:C 语言版[M]. 北京：清华大学出版社,1997.
[66] 杨绍祺，谈根林. 稀疏矩阵[M]. 北京：高等教育出版社，1985.
[67] 袁慰平，张令敏，黄新芹，等. 数值分析[M]. 南京：东南大学出版社，1992.
[68] 张林波. 利用 m4 宏语言进行 Fortran77 循环展开[J]. 数值计算与计算机应用，1998，19(1)：49-63.
[69] Zitney S E，Stadtherr M A. Frontal algorithms for equation-based chemical process flow sheeting on vector and parallel computers. Computers Chem Engng，1993(17)：319-338.
[70] Zitney S E，Mallya J，Davis T A，et al. Multifrontal VS frontal techniques for chemical process simulation on supercomputers. Computers Chem Engrg，1996(20)：641-646.

[1] Hansen H. 有限元素法[M]. [illegible]出版社, 1993.
[2] [illegible] Philadelphia: SIAM, 1992.
[3] [illegible] 清华大学出版社, 1994.
[4] [illegible] 1995.
[5] [illegible]
[6] [illegible] 1995.
[7] [illegible] 1992.
[8] [illegible]
[9] [illegible] parallel computers [illegible] 1994 [illegible] 319-338.
[10] [illegible] simulation on supercomputers. Computers [illegible], 1996 [illegible]: 641-646.